# 江田島物語

湊　義秋

# はじめに

江田島物語は中学生のために書いたものである。中学の国語教員である私は、「読む」「書く」とくに作文に力を入れた。

君たちの年頃になると書かずにおれぬことがある。初めにそれを書くと、すらすら書ける。手始めに私がやってみるからと始めたのが昭和三十三年四月、ガリ版で刷り、配った。好評だったので卒業まで続けた。

これは私の書かずにおれぬ作文、戦争の「みじめさ」を生徒に伝えた物語である。

なお、分隊は入校時は一〇七分隊だったが終戦時は六〇七分隊である。

途中他の分隊のこともあったが、一〇七分隊としている。

# 目次

目　次

目　次

# その日

一九四五年八月十五日、この日の朝、ぼくは広島県安芸郡江田島町の海軍兵学校第三生徒館、六〇七分隊寝室でラッパの音と共に起きました。

起床五時半、一分三〇秒で毛布をたたみ、服を着かえ、洗面所にかけつけます。

直ちに校庭へ。集まった人から大声で腹の底から「気を付け！」「休め！」「右向け右！」「前へならえ！」と号令をかけます。めいめいばらばらにかけるので、あたり一面ウオーン　ウオーンと、ライオンのうなり声のような叫び声が聞こえます。毎日毎日潮風に鍛えた声ですからこの近くに住む人々の名物になっていました。

そのうち、長く一吹きラッパの音が聞こえ、早速海軍体操に移ります。上半身裸体なので、寒さが身にしみますが、上級生の威勢のいい号令ときびしい体操によっていつの間にか忘れてしまいます。一番前に号令をかける人、それに向かって三号（一年生）二号（二年生）一番後に一号（三年生）がいます。ちょっとでもなまけると一号が注意します。みんないっしょうけんめいです。

軽く汗ばんだ頃にまたラッパの音。体操は終わりです。

朝食まで三〇分ばかりは自由時間で散歩したりお互い将来のことを話し合ったりします。

ぼくはこの三〇分の自由時間に、八方円神社という校内にある小さな社にお参りするのが常でした。ここに海軍兵学校創立以来多くの先輩達が参拝し、そばにある自然石の全国各地の方向を示した方位盤を頼りに、それぞれの故郷の両親、家族の人々に朝のあいさつをしたのです。ぼくもそこへ行ってまず社へお参りし、つぎに故郷の両親にあいさつしました。

小高い、こんもり茂った杜からおりて食堂へ行きます。朝食もラッパで席につき、食べるのです。

全校生徒約五〇〇〇、それぞれの食堂に分かれて食べるのですが第四食堂には一〇〇〇名ばかりの者が集まり、教官の「かかれ！」の声で一斉にはしをとります。

一〇〇〇人の者は黙々とはしを動かしています。話しながら食べると上級生になぐられるからです。話すどころか姿勢が悪くても足をくんでいても後《あと》でなぐられるのです。それに海軍では食事の時左手は使わないようになっています。従って左手では食器を持ちません。姿勢を正しくして右手だけ動かしている姿は、異様な食事風景です。その時、一段高い教官の食事机から「待て！」の声がかかりました。

「待て」という号令がかかると、どんな用事をしていてもそのまま気を付けの姿勢をしなければならないので、すわったままはしを置いて待っていると

「本日一二時より重大な放送があるから教室で待っておけ。かかれ！」

またみんなのはしが動き始めます。

一一時五五分、六〇七分隊の一年一五名、二年一五名、三年二〇名、計五〇名は自習室に気を付けのままわっています。この学校では「五分前の精神」ということがいわれ、決められた時間の五分前にはきちんと集ま

ることになっているのです。

五分間、五〇名の若者は重大な放送を待っています。自習室前の時計が一秒、一秒時を刻みます。

正午、スピーカーから「君が代」が流れました。

当時日本の国は八年にわたる戦いのためにうみ疲れていました。しかも中国、英、米、オランダ、ソ連を相手にアジア全域に進撃し緒戦の勝利とは逆に敗退に敗退を重ねていました。その上広島に原爆が落とされ、続いて長崎も同じ被害を受けていました。

五〇名の若者は、いや、各自習室に緊張して待っている全校五〇〇〇の若者は一体何が起こるかと耳を澄ましているのです。彼等は日本が歴史上戦いに敗れたことを知りません。また、聞いたこともありません。いつも日本は永遠に戦いに負けることのない国であると教えられてきました。

やがて「君が代」が聞こえてきました。彼等は「君が代」を感激をもって聞きました。

「よし、日本のために戦うぞ。」

そんな気持で聞きました。続いてスピーカーは次のことばを流しました。

「朕深く世界の大勢と帝国の現状とに鑑み、非常の措置を以て時局を収拾せむと欲し茲に忠良なる爾臣民に告ぐ。

朕は帝国政府をして米英支蘇四国に対し其の共同宣言を受託する旨通告せしめたり……

朕は時運の趨く所堪へ難きを堪へ忍び難きを忍び以て万世の為に太平を開かむと欲す。……」

この放送は天皇陛下がラジオを通して全国民に伝えられた終戦の詔勅だったのです。

しかし敗戦を知らない若者にとってはこの放送が録音であったこと、聞きなれないことばであり、いまだかって耳にしたことのないお方の声であったことなどからして、終戦を意味するものとは聞きとれなかったのです。せいぜい「堪へ難きを堪へ忍び難きを忍び……」を聞いた生徒が不自由な中から最後の本土決戦を遂行せよと聞きとったくらいのものでした。

当時、日本全土はアメリカのB29爆撃機の空襲によって壊滅状態に至るまで爆撃され、アメリカ艦隊は四国、九州南方、又房総半島沖に接近していました。

その上、われわれの分隊監事（H・Rの担任に当たる）は時々、戦うことのできない年寄り子供はわれわれの手で殺し、最後の一人になるまで戦うと豪語していたので、てっきりそう受けとったのです。

ところがただ一人この難解な放送から日本帝国の終戦をかろうじて聞きとった生徒がいました。

「日本は負けた」頭のいいその男は直観的にそう思いました。

その放送の後「全員、朝礼台前に集合」の伝達がありました。

みんな「いまの放送は何だい。さっぱりわからなかったなぁ」口々にそんなことを言いながら歩いていました。

その時先程の男が、

「どうも日本が負けたらしい。」

そう言った途端、隣にいた熊本県出身の男が

「なに！　貴様、日本が負けた！　そんなバカな！」

相手が倒れるほどつきとばしました。彼は相当興奮していました。当時われわれにとって「負ける」ということばは禁句でした。

突き飛ばされた方はぽかんとしていました。今から考えれば本当のことを言ってつきとばされたのですから。お互い日本が負けるということは、およそ考えられないことだったのです。

五〇〇〇名のものが朝礼台前に集合しました。皆が一つの固まりになったようにしーんと静まり、朝礼台に立った校長の方に注目しました。校長はことば短かにこう言いました。

「残念ながら日本帝国海軍は無条件降伏の止むなきに至った。然し負けたのではない。今はかかる状態にあるがいつの日にか立ち上がるのだ。今はどんな目に合おうとじっと耐えよ。いやしくも軽はずみな行動をとってはならぬ。」

ぼくはあの男の言った通り「日本は負けたんだな」と思いました。何かあの男が予言者のような、悪魔のような存在に思えました。

すぐ空を見上げました。青空ではありませんでした。うす黒い雲が静かに流れていました。

ぼくはいま大地の上に立っている。そして空を眺めている。雲は流れている。何もないではないか。昨日と同じではないか。日本が負けたと言うのに何の変化もないではないか。悲しみの声も驚きの声も何の音も聞こえない。ただ静かに悠々と雲が流れている。

「日本が負けた」ということを自分の耳ではっきり聞き、そのことを確認した時に、ぼくがすぐ空を見たのは理由があるのです。

ぼくは小学校以来「日本はいまだかって戦争に負けたことがない。元寇の時だってそうだ。あれだけの蒙古の大軍がおしよせても負けなかった。その時は神風が吹いて日本を救った。これからも絶対負けない。日本が負ける時は天地がひっくりかえる時だけだ」といった教育を受けてきました。

ぼくが生まれてから満州事変、上海事変、支那事変、太平洋戦争と戦争とともに大きくなったといってもうそではなく、教育は徹底した軍国主義でした。だからいまから考えればおよそ考えられないことを考えたのです。

ぼくはじっと空を眺め、足が地についていることを確かめました。天地はひっくりかえりませんでした。しかし、日本は負けたのです。

負けた！

次にぼくはこんなことを考えました。

アメリカ軍は何をするか判らない。死刑にするかも知れない。一生重労働に使われるかも知れない。どうなるのだろうか。

また、こんなことも想像しました。アメリカ軍が占領したらジャズがはやるだろうな。

みんなそれぞれ敗戦の悲しみに頭をたれて各自習室に力ない歩みを進めます。誰も話す人はありません。二十歳に満たない元気盛りの若者がそれぞれたった一人になりきって、いままで経験したことのない悲しみに打ちしおれています。

しかもこの悲しみ憤りをどこにもぶちまけることができないのです。

その時です。いつの間にあらわれたのか飛行機が空を舞い始めました。そして何かビラのようなものをまいています。

誰かがそれを拾って、今までとはうってかわった元気な表情でこう言いました。

「行こう。われわれは最後までアメリカ軍と戦おう。」

ビラにはそんなことが書いてあったのです。

うちひしがれてどうすることもできなかった若者は情熱のはけ口を見出しました。

「行こう。アメリカ艦隊に体当たりしよう。」

この学校には表門はありません。海に面しているからです。正規の表門は浮き桟橋です。そこにカッター一〇〇隻余りランチ（小蒸気船）三〇隻余りがあります。それで太平洋にのり出そうというわけです。

何十人の若者は海の方に走っていきました。丁度そのとき、長い旗をなびかして潜水艦もやってきました。

こちらを向いて手を振っています。頭に白い鉢巻をしめています。特攻隊員です。

「サイゴノヒトリニナツテモタタカオウ」

赤と白の手旗信号でわれわれの心をかきたてます。

何杯かのカッターが出ました。潜水艦の乗組員は手招きしてわれわれのカッターが一二本の櫂を力一杯動かして近づいて行くのを待っています。ぼくも左舷三番目の櫂を突き出しながら

「いまこそ、この命を日本の国のために捨ててもいい。」

と思いました。そして何もかも忘れてこぎました。

カッターは潜水艦に近づいていきます。いつの間にかかけ声まで聞こえます。その時です。

「待て！　カッターで沖に出ている生徒は直ちにかえれ！」

スピーカーから威厳のある落着いた声が流れました。鶴の一声、のぼせ上った若者の情熱はここに断ち切られました。軍隊においては上官の命令は絶対なのです。カッターの指揮をしていた人は一瞬とまどいましたが、思いきって「おも舵一杯！」と叫びました。

艇はひきかえしました。往きの勇ましさに反して帰りのなんと空しいことか。カッターはただ海の上に浮かんで、ある方向に引っ張られているという状態でした。

「櫂上げ！」「櫂収め！」

艇は岸壁につれもどされました。一三名の何の意思もない若者が艇からおります。もうどうすることもできません。血の気に満ち満ちた若者がすべての道を断たれたのでした。

## 八月十五日一四時

時間は静かにたっていきます。八月十五日一四時二五分　二六分……

五〇〇〇に余る生徒はこの一瞬一瞬それぞれの人生を生きました。が、ある生徒はどこで手にいれたのか一丁のピストルで自殺しました。又ある生徒は別の方法で、自らの命を絶ってしまいました。

死なずに生きている人は今からどうなるというのでしょうか。

ぼくは、カッターから降りると八方円神社に向いました。毎朝お参りするところですが今日は何かより所を求めるような気持で歩いていきました。

幸い誰もいませんでした。こんもり茂った静かな社です。小石を敷いた参道に足を進めると何か落ち着いた厳かな気持になります。ぼくは朝と同じように頭をたれました。そしてじっと目をつぶりました。

まず、ぼくの心に浮かんだことは、国もとの母親はどうしているだろうかということでした。又その時出征して岐阜にいる父。妹は元気だろうかということでした。

八月六日に広島に原子爆弾が落ちたことはぼくたちも知っていました。近くの古鷹山から広島を見ると焼けただれた街のようすがよくわかりました。福屋のビルがただ一つ残骸をとどめていました。ぼくの家は中心地から二キロメートルぐらいのところにあります。あれほどやられたのなら恐らくだめだろう。

家のことを思い家族のことを思い出すと、この学校へ来るまでのことがいろいろ思い出されてきました。

# 江田島兵学校へ

## 江田島受験

それは中学五年の夏休み前のある日のことでした。
二、三週間前から話題になっていた兵学校受験もいよいよ明日締切という日のことです。友達が
「兵学校は、一日一日受験の結果がわかって成績の悪いものは以後の受験を停止される。一日目が数学、二日目が英語、三日目が国語、その他となっている。君と二人でどこまで残るか実力テストのつもりでやってみないか」

と言うのです。ぼくは、どうせ入りはしないだろうと思って
「うん、そりゃぁおもしろい。」

と言ってしまいました。そして親にも相談せず締切前日、粗末な字で願書を書いて出したのです。

受験料は不要ですが、写真がいります。この写真がまた風変りな写真で、パンツ一枚の裸ということになっています。キャビネ型ですから体格は一目瞭然です。写真屋に行ってとってもらいました。

試験は八月十二日から三日間が学業試験、八月十五日が身体検査ということになっていました。

実力テストのつもりといっても、今日の日に全てをかけて受験する生徒が殆んどです。その雰囲気にまきこまれ、初日から失格になっては全く実力0ということになるので鉛筆を固く握って答案用紙に向かいました。

第一日目は無事終わりました。翌朝の八時には結果がわかります。そして九時からは次の試験です。受験番号に×印があると失格、そのまま数字があるとその日も受験資格があるのです。ぼくの受験番号「五五八番」はそのままになっていました。まあこれで恥だけはかかずにすみました。それに一応数学の実力も知ることができました。

その日×印をつけられた者が半数の約五〇〇。その上失格した者は例の裸の写真に赤鉛筆で×印がつけられ返されます。もう用はない、立ち去れというわけです。

二日目も、三日目も、不思議なことにパスしました。友達は落ちました。学科試験に残った者が二五〇名ばかりで、続いて身体検査が行われることになっていました。

この身体検査が、頭のてっぺんから足のつまさきまで、調べることのできる所は皆調べます。身長、体重、胸囲は勿論、肺活量、握力、視力、聴力、色診、しまいには左右交互にロープにぶら下って時間を計りました。穴という穴は皆調べられました。結果、異常なし。検査終了後、軍医長が言いました。

「兵学校の訓練は日本一、いや世界一きびしい。よほど丈夫な体の持ち主でないとその訓練に耐えることはできない。諸君は一応検査にパスしたけれども最終結果の判明するまで日々体を鍛えておいていただきたい。」

よくこえた体格のいい軍医中佐でした。

こうして身体検査もすみ、最終決定は十一月三日ということになっていました。

十一月三日明治節、当時文化の日をこのように呼んでいました。そしてこの日には厳かな式が行われました。式が終わるとすぐ帰り、家でぼんやり椅子に腰かけていました。

その時ガラッと戸の開く音がして「公用！」という声が聞こえました。何だろうと思って玄関に出てみると郵便配達のおじさんでした。そして電報を渡してくれました。

電文には「カイヘイゴウカク　イインチヨウ」と書いてありました。

ぼくは飛び上がってよろこびました。

そのうち封書が来て、登校日、登校場所、その他のことがはっきりしました。それによると入校式は昭和十八年十二月一日とありました。そして、十一月二十三日、一三・〇〇に登校するよう書いてありました。入校する前一週間、準備教育があるからです。

一日一日親元を離れる日が近づいてきます。生まれてから修学旅行の時以外、親から離れたことのない人間、わがまま、気ままに育てられ、家から一歩でも出ることのきらいな、よその家での食事はどんなごちそうでも食べたくない人間、めんどうくさいことの大嫌いな人間。そういう人間が日本一、いや世界一きびしい所へ行く日が迫ってきたのです。

## 入校式前日

昭和十八年十一月二十三日朝九時すぎ家を出ました。母と一緒でした。

広島駅から呉線で吉浦駅まで行くと、吉浦の小さな船つき場には多数のランチがわれわれを待っていました。

ランチの乗組員は皆海軍の下士官です。ランチに乗って吉浦から小用へ行きました。小用で船をおりて海軍兵学校までは歩いて十分ばかりです。ここを母親と二人で歩いている時にはもう来るべき所へ来たのだという感じで、一片の感傷もありませんでした。かえってどんな世界がいまから開けるのであろうという希望がわいてくるのでした。

兵学校までの道は初め上りになって左右に民家が点在し、峠を越すと上りの半分くらいの道のりで目的地に到着します。あたりは静かな何か浄らかな感じのする所でした。

海軍兵学校と書いた門のところには二、三机が出してあって受付をしていました。書類を提出すると準備教育の間通学する民家（倶楽部）を紹介してくれました。

そこに落着くと、はや全国から集まった十七、八歳の若者がそれぞれの学校の制服制帽ではずかしそうに話していました。というのは北は樺太、南は台湾、満州、朝鮮からも来ており、東京の中学あり、大阪、四国、九州ありで言葉からしてかなりちがったからです。

われわれが江田島での一日を過ごしたところは普通の民家で江田島に兵学校が開校されてから、兵学校生徒の校外での休息所として、又兵学校生徒の家庭のようなつもりでくつろげるよう漸時作られた倶楽部でした。ここには兵学校から毛布初め休息に必要な諸道具もととのえられて、そこで世話をしてくれる人は男なら「おじさん」、女の人なら年齢には関係なく「おばさん」というのがならわしでした。われわれ新入りもいずれ生徒になる身とあって、それに準じて入校前の一週間を過ごしました。

倶楽部には入校後一〇八分隊に所属するメンバーが三〇名ばかり寝起きし、午前中は学校へ登校して身体検査、あるいは海軍体操を教えられました。入校前の一週間の共同生活によって三〇名の者はお互い親しくなり、共に海軍兵学校生徒としてきびしい訓練にも耐え、協力していける態勢が作られました。

一週間前までは全国各地の中学校でそれぞれ生活していたものが、この恵まれた家庭的雰囲気の中でまるで兄弟でもあるごとくうちとけ、時にはお国自慢の歌までとび出すといった状態でした。

入校式前日われわれは兵学校内にある大浴場に入りました。入浴前に教官が次のように言いました。

「君達の着ているものは全部一括して風呂敷に包み、荷札をつけておけ。荷札には住所、氏名を明記せよ。」

そしてタオルを一枚ずつもらって浴槽に入りました。

浴場から出て服を着ようと先程風呂敷にいれた包みを探しますと見当たりません。先に出た人も眼をきょろきょろさせながらまごついています。すると先程の教官が

「貴様らの服はパンツから上着にいたるまで、みな親元に送りかえした。娑婆から着てきたものは親の手元にかえした。それに今娑婆のあかまできれいさっぱり洗い流してもらった。」

みんな裸のままで聞いています。

「いまから全部、こちらで用意したものを着てもらうから上級生の指示に従って受け取れ。かかれ。」

入浴前の調子とややちがって声に力がこもっていました。ぼくは本当に何から何まで洗い落として今から兵学校生徒ができ上がるのだなと思いました。

最初にふんどしをもらいました。ここではふんどしのことをストッパーといいます。ぼくはそんなものをするのは初めてでした。

上級生が親切に教えてくれます。「こうしてはじめにひもを結ぶ。それからこのきれをひもにひっかけて。」上級生のなすままです。それからシャツ、ズボン下、上着、靴下、短剣、あらかじめ寸法をとってあるので、いままですっぱだかで全国あちこちの方言まる出しで話していたのがきりっとして、本当に明日に入校式を控えた生徒が形だけはでき上がっていくのでした。

その日はくすぐったいような気持で倶楽部に帰りました。

## 入校式

一日あけると、昭和十八年十二月一日。われわれ全国各地から集まった三五〇〇名の若者が海軍兵学校第七五期生として入校する日でした。

錨の徽章のついた帽子に、腰のところから切れ上がった制服、短剣姿の生徒は緑の松に囲まれた広い運動場の芝生の上に整列、海軍兵学校長井上成美海軍中将の登壇するのを待っていました。

緊張の一瞬でした。ここに整列する前に、上級生が帽子のかぶり方、短剣のつけ方を指導し、靴の汚れまではらってくれました。何と親切な上級生であることよ。このような上級生と共に生活することのなんと幸福なることよ。と思っていると、厳粛な声で

「今日の日の感激を忘れるなよ。」

軽く肩に手をおいて言いました。

感激の一瞬がやってきました。

目の鋭く輝く、しかも慈眼を失わぬ武人がおもむろに高い壇に立たれました。

「本日をもって海軍兵学校生徒を命ず」低い、遠くまでとおる声でした。

この日、空はうすぐもり、式の間中、太陽は姿を現しませんでした。

続いて校長は次のように訓示しました。

「今や日本は、いまだかって知らぬ危機に立ち至っている。日本帝国海軍は、君達少壮気鋭の士に期待するところ大である。……」

「この学校の訓練はそのまま太平洋における実践につながっている。……」

「日々の生活がそのまま敵米英との戦いと思って、全力を尽してやってもらいたい。……」

それらのことばが心をとらえました。そして無事入校式は終わり各部隊に別れました。

## 岩国へ

ところがわれわれ一〇八分隊は江田島から岩国まで行かなくてはなりませんでした。われわれ七五期生は米英撃滅クラスといってふだんの三倍もの人員がいました。それで江田島だけでは収容できず岩国分校が作られたのです。一〇八分隊を初め、岩国分校に行く者五〇〇名は表桟橋から練習艦に乗りました。

江田島の内海を出るとはるか向こうに広島が見えます。一週間ぶりにみる広島ですが、再び見ることができるかどうかわからないと思うとなつかしく感じました。

宮島のあたりを進んでいるなと思っていると、スピーカーで

「待て、一〇八分隊の南義明は都合により一〇七分隊に編入する。終わり。かかれ！」と聞こえました。

入校前一週間共に生活しなじんだやさきにこういうことです。一〇七分隊には誰一人知った人がいません。

一つ不安ができました。艦の中でも自分だけが一人ぼっちのような気がしてきました。後で聞いた話しですが、一〇八分隊にはぼくと同じ中学出身の上級生がいたためこのようなことになったのです。同じ出身学校の生徒は同クラスにしない。そういうきまりがあったのです。

それにもう一つぼくには気になることがありました。入校二、三日前頃から下痢をしていたのでした。

艦は大竹を過ぎ、岩国に近づいて行きました。速度を落とし岸壁に着きます。

艦をおりると上級生が一〇七分隊というプラカードをかかげて待っていました。戸村という名前を書いたネームプレートを赤くかこんだ上級生と池田という名前を青くかこんだネームプレートを付けた上級生が一〇七分隊を集めました。そして岩国分校の校舎に向かって進みました。が、ぼくは一足おくれました。

「すみませんが便所に行かして下さい。」

「そこにあるからすぐ行ってこい。」

「すこし時間がかかるのですが……。」

「待っていてやるから行ってこい。」池田生徒の親切な声でした。

ぼくは、くさいところで初対面の上級生を長時間待たせました。かれこれ一〇分もいたでしょうか。待つ方はそれ以上に感じたかもしれませんが、快く池田生徒は言いました。

「大丈夫か？」

「はい。大丈夫です。」

「では、今から一緒にかえろう。」

みんなとおくれて二人が歩いて行きます。

「貴様。出身中学はどこだ?」

しょっぱなから「貴様」と言われてびっくりしました。何か悪い事でもしたような、けんかでもしかけられたような気持です。

「ぼくは、広島県立広島第二中学校です。」

何か警官にでも答えるようで、少し戸惑いながらそう言いますと、

「兵学校ではことばづかいが決まっている。ぼくとかきみとかといったことばは使わないのだ。その代わりにおれ、貴様という。また、ですということも言ってはならない。目上の人に向かっては、……でありますというのだ。わかったか。」

「わかりました。」

ぼくは、兵学校というところは着てきた服や体についたあかまですて去って新しい服ととりかえるように、ことばまでみなやりかえかとあきれていると、

「名前は何というんだ。」

「ぼくは、南、よ……。」

「ぼくじゃない!」

「おれは南　よし……。」

「上級生に向かっていう時は、わたくしというのだ！」

「わたくしは南義明です。」

「です、ではない。であります、だ！」

一言言うと注意され、何か言うとそれが違っています。生まれて一七年ばかり使いなれたことばですから、一日や二日で矯正できるわけがありません。それでも、池田生徒は遠慮なくなおさせます。まちがったところはそのままですまさない。なおるまでやらせるこれが兵学校教育の真髄かも知れません。校庭に着くまで一〇分ばかりありましたが、その間
「ぼくではない。」

「わたくしは…。」

「ですではない。」

「……であります。」

数回くりかえしました。

遅れた二人が校門を入ると皆整列していました。

その中に入ると、しばらくして軍艦旗降下の行事がありました。われわれが江田島を出港して岩国へ着いたのは日没三〇分くらい前でした。海軍では午前八時に軍艦旗を掲げ、日没と共に降下するのです。それが行われるところでした。

夕日が西の空に沈む瞬間、指揮官の号令でラッパが吹奏されます。静かに夕陽に照り映えて軍艦旗がおりていきます。そしていつの間にかあたりは暗くなりました。

「解散！　各分隊とも自習室に向けて出発！」

戸村伍長が一〇七分隊の生徒を引率して自習室に向かいました。

## 自習室へ

伍長というのは一号生徒すなわち三年生の分隊における指導者で室長に当ります。副室長に当るのが伍長補で、ぼくが連れてきてもらった池田生徒がそれでした。

一〇七分隊は一号生徒（三年生）が七名、二号生徒が八名、三号生徒（一年生）が二六名でした。自習室には一〇七分隊という表札がかかげてあり、前と後に出入口がありました。後の方には消毒のため昇汞水がおいてありました。

自習室に一歩ふみいれると一人一人の机が並べられてあり、前は時計を真中にして左側に鉄製の機密書類入れ、後ろには銃が銃架にかけてありました。

三号生徒は前の方の机にすわりました。その後ろに二号生徒、一番後ろが一号生徒です。時計は五時をかなり回っていたと記憶しています。みんな姿勢を正して待っていますと、前の入口から異様な人が入ってきました。海軍の軍服を着ているからには、われわれに関係のない人ではありません。

すこしばかり容貌を説明してみますと、頭は坊主、これは当時、軍人は皆そうしていましたから別段不思議ではありませんが、年齢の見当が全然つかないのは、口のまわりにかなりふさふさしたひげをはやしているからです。たとえでこれに近いものをいうと五月人形の鍾馗さん、眉はつり上がり眼光炯々として人を射るごとく、頭のてっぺんから足のつまさきに至るまでファイトが満ち満ちているといった感じでした。

「おれは分隊監事の小林平八郎だ。今日限り貴様らの命はもらった。……」

小林大尉の容貌にのまれていたぼくは、低い重みのある声でこう言われてぎくっとしました。えらいところに来てしまった。

もちろん、そのころ軍隊の学校へ入ることは死ぬ覚悟でなくてはなりませんでした。しかし、目の前で恐ろしそうな人間からはっきりこう言われると驚かないわけにはいきません。ぼくはそれから小林大尉が何を言われたかよく覚えていません。それほど「キサマラノ　イノチハモラッタ。」ということばが印象的でした。

小林大尉がドアをあけて出るか出ないかに後ろでうなるような叫び声が聞こえました。しかも、その叫び声は一人二人でなく、かなりの人が各個ばらばらに言っているのです。

誰かが後ろを向いたらしく「後ろを向くな！」と言われていました。そのほか聞きとれたことばは「ぼやぼやするな！」「三号は前に並べ！」「何をぼやぼやしとるか！」でした。

そのうち、三号はぞろぞろ前に並び始めました。いろいろな叫び声から、さしあたってできることがそれだったからです。

「姿勢がわるい！」

「胸をはれ！」

「貴様らは……。」

二六名の三号生徒は一、二号生徒を前にして恐る恐る整列しました。

二号が整列し終わると一号生徒がどなるのをやめました。二号生徒はきちんとすわってじっと見ています。

伍長の戸村生徒が
「待て!」

と声をかけました。三号がみなそちらを注目しますと
「貴様らは本日から兵学校生徒としてわれわれと共に生活することになった。兵学校には兵学校の規律がある。一日も早くそれに慣れてくれることを上級生は願っている。それで今から一号が自己紹介をするからよく聞いとけ。一〇七分隊、伍長、短艇係、戸村靖。」

腹の底から力一杯叫びあげる声は自習室に響きわたります。

続いて伍長補の池田生徒。口ひげの濃いすこし小柄のがっちりしたタイプです。

「日本帝国はいまや未曾有の重大危機に直面している。われわれ兵学校生徒は常にそのことを頭において訓練に励まなくてはならぬ。おれ達一号もそのつもりでやるから、貴様らもついてこい。おれは体操係、伍長補の池田幹彦だ。」

次に背のすらっとした宮生徒。

つぎつぎに現われてくる一号生徒は皆、自信に満ち満ちた威厳のある態度で自己紹介をしました。そのことはどれもみな腹の底から出す声にあらわれていました。そして何か上級生として頼もしいものを感ずるのでした。

一号生徒が終わると二号生徒。二号生徒も言語、動作ともにきびきびしていました。しかし、一号生徒のような貫禄はありませんでした。

この学校で一年間鍛えられるということは確かに大きな変化が起こるということをそれは意味するのでした。十八、九歳ごろの一年間の発育による体格の違いとは別に、肉体的にも精神的にも一年三六五日、鍛え上げられていった人間形成のそれを感じさせるのでした。だから一号は二号とは大分違っていました。同様に三号は二号とは違い全然貧弱でした。しかも本日入隊したばかりの三号です。

一号、二号の自己紹介が終わると

「えぇー。次は三号にやってもらう。元気一杯出身中学校と姓名を名のれ！」

上級生を前にして不動の姿勢で立っている三号の一番右端にいた男が

「宮崎県立　宮崎…。」

宮崎なまりで、本人は元気を出して言っているのでしょうが、何かこっけいな発音だったので早速、一号が

「やり直せ！」

「腹の底から声を出せ！」

「もっとはっきり言え！」

その声がどれもこれもライオンのほえるようにひびく声です。そのたびに雷が鳴っているような恐怖を感じるのです。

「ミヤザキケンリツ　ミヤザキチユウガツコウ　サトウ　アキオ」

ひとつひとつはっきり言います。が、なまりはとれません。

「わからん！」

「やり直せ！」

「ミヤザキケンリツ　ミヤザキ……。」

「元気がない。やり直せ！」

「ミヤザキケンリツ……。」

こうして一〇回ばかりやり直してやっと次、ということになるのです。

声がうわずったり、かすれたりはいい方でしまいには泣き声で懸命にやり直す者もありました。その間、一号はそこらにある日本刀までとり出してはじめて入校した三号をおどします。時にはどなり声で、時にはつきとばして、全国から集まったもさ達がどぎもをぬかれるのが入校第一日目の兵学校名物の姓名申告です。

ある分隊のごときは、隣の生徒が一〇回、二〇回と姓名のやり直しをさせられるので、その名前が耳に残っているところへもってきて、かなり興奮しているので自分の名前のかわりに人の名前を言ったという、泣くに泣かれぬ三号もいたということです。

こうして、兵学校とはちょっとやそっとの訓練をするところではない。命がけでぶつかってこいという限りなき闘志をいやが応でも燃えたたせられるのでした。このすさまじい姓名申告が終わると席について自習をします。

## 自習

机の中にはちゃんと兵学校で修める普通学、軍事学の教科書のほか、自啓録、軍人勅諭などが入っていました。

それにあれほど、どなりちらした一号生徒が、「入校教育のしおり」という、兵学校で守るべききまりを作ってくれていました。ここは時には獅子のごとくきびしく、時にはうさぎのごとくやさしいのです。

入校して一ヶ月間は入校教育というのがあって、この一ヶ月に兵学校の規律を徹底的にうえつけられます。

「入校教育のしおり」にはこのように書いてあります。

(1)作業中はいっさい発言してはならぬ。食事、掃除、用便中無言であること。

(2)起床動作は一分三〇秒で終了のこと。就寝も同じ。

(3)机、チェスト（衣服入れ）内はすべて整頓すること。

(4)集合はすべて規定時間の五分前に終了のこと。

(5)起床五時半、ラッパの音と共に起きること。

それ以前にも以後にも起きてはならぬ。就寝も同じ。

その他食事の時、食器を持ってはならぬこと。入浴中はしりを降ろしてはならぬこと。階段は上る時は二段ずつ。降りる時は一段ずつ駆け足で行動すること。などこまごまとした規則が書いてありました。

読んだだけではわかりませんが、一ヶ月の間にあのふるえ上がるような声でどなられ、つきとばされ、漸時身につけるようになっていました。

このしおりを読んでいると、自習室前の時計が九時二五分を示しました。と、同時にスピーカーからジーとブザーの音が聞こえました。戸村伍長が「瞑目！」と言います。

一、至誠に悖るなかりしか。
一、言行に愧ずるなかりしか。
一、気力に欠くなかりしか。
一、努力に恨みなかりしか。
一、無精に亘るなかりしか。

一分の間隔をおいて静かな落着いた声で五省をとなえます。静かなひとときです。一日のあわただしかった生活が思い出されます。

**寝室へ**

それから寝室へ。

寝室は二階にあり、一人一人にベッドが与えられていました。ベッドには四枚の毛布と枕、それに足の方をくるむ三つに折った長細い毛布があり、ベッドのすぐ前にチェストがありました。

三号が寝室に入ると伍長が言いました。

「兵学校では寝る時、起きる時、服の着換えを敏捷にする。時間はすでに貴様らの知っている通りだ。今から練習するから、まず二号生徒の模範動作をよく見ろ。二号、用意、寝ろ！」

二号生徒が見るも鮮かに今まで着ていた服を脱ぎ、たたみ、寝巻きに着替え、四枚の毛布を敷きます。服はきちんとチェストの上。すごい速さだなあと感心していると
「三号、用意！　寝ろ！」

それ、とばかりまず上衣を脱ごうとしますが頭にひっかかり、つっかかります。

やっと脱いでズボンにかかりますが、足にひっかかる。上シャツ、下シャツをたたむ。枕を置いて、毛布一枚、二枚、三枚、四枚とひろげる。うろたえて、ふんどし一丁。おお、寝巻きだと思って寝巻きを見るとない。ベッドの下へ落ちている。といった具合で何と三分かかってもまだ完了しません。

「ぼやぼやするな！」

「夜が明ける！」

「何をしとるか！」

そのうち完了した人が元気一杯姓名を名のります。

「西尾　健。」「西川　治。」「高橋…。」

つぎつぎ聞こえてくるとますますあせる。そして寝巻きを着ようとしたところで「ピー！」と笛がなるのです。

「待て！　まだ終了していない者はこっちへ来い。」

上級生のベッドの側でまたひとくさりおどし文句をあびせかけられます。そして
「こんなことではどうにもならん。もう一度やってもらう。用意、起きろ！」

ベッドに敷いた毛布を畳み、四枚重ねて整頓し、シャツ、上衣を着て、ズボンをはき、靴をはきます。

「宮川　勝。」「田中　昭夫。」「南　義明。」こんどは間に合うが別に笛は吹かれませんでした。みんな服を着たところで

「用意、寝ろ！」

また服を脱ぎ、寝巻きに着替え、毛布を敷きます。これを繰り返すこと数回、少しずつ慣れてきます。

やっと兵学校入校第一日目を終わり、ベッドにぐったり疲れた体を横たえることができました。そのころ巡検用意のラッパが鳴るのでした。静かな淋しいような節です。

この時ジーンとくる。えらいとこに来たもんだと思うのでした。

当直将校が足音を立てて寝室に入ってきます。

「巡検！」

急ぎ足で通って行く。みんな目をつむっています。その足音が遠ざかると、一番声の低いおそろしい顔つきの田村生徒が暗闇から静かに

「ええ、三号は心配せんと寝ろ。明日になれば明日の風が吹く。」

このことばの何と不気味なことだったことか。

やっと自分一人になれた、今日もこれですんだ、これから先どうなるのだろうと思うひまもなくこう言われると、上級生はいたわるつもりかも知れないが、明日はまたこういう調子かとますます不安になるのでした。

目を開けると、あたりは真っ暗。もう何か声を出す人もいません。家の者はどうしているだろうと思っている

と、遠くで汽笛の音が聞こえます。たいていの者は涙が出るのです。
こうして兵学校の一日が過ぎ去っていくのでした。

# 入校第二日

## 起床

翌朝、目が覚めた時はベッドの上でした。ああ、また恐ろしい声の中で生きなくてはならぬ、という思いが走ります。ラッパが鳴ったらはね起きて、毛布をたたんで、服を着て、靴をはいて……ラッパの鳴る時を待ちます。

みんな寝ているようでも用意はしています。スピーカーに電源が入ると、その音が今から始まる起床動作に達する緊張感を高めます。

「トテトテトテター！」活気に満ちたラッパの音がひびきます。

それ、とばかり毛布をたたむ。寝巻きをたたんでおおいをかける。枕を置く。服をつける。帽子をかぶる。

「西尾　健。」あいつはいつも速い。「高橋　正志。」「田中…。」次々に終了の名のりがあがります。

ぞうりを靴にはきかえます。

「ピー！」と笛が鳴る。やっと間に合った。洗面所へ行く。途中かけ足、上級生に会うと挙手の敬礼。

「待て！」が至るところで聞こえます。

「敬礼の仕方がなっとらん！」

「貴様の走り方は何か！」

赤鬼、青鬼の声がかかります。

ラッパの音で目を覚まし、顔を洗い、運動場に出るまで平均五回位「待て！」がかかります。動作は全て駆け足ですが、手をちゃんと腰の上において走らなければなりません。上級生に敬礼する時は注目しなければなりません。動作は敏捷でなければならないのです。そのような基準で一挙手一投足を観察されていたら平均五回の「待て！」は少ない方です。しかも観察する上級生は一〇人や二〇人ではないのです。

運動場の一角で各分隊ごとに号令練習があります。

十二月初めの午前五時四五分といえばまだ暗く、かつ山の方から冷たい風が吹いてきます。暗闇を突き破るような威勢のいい声があちらでもこちらでも聞こえます。それが終わると上半身裸体、乾布摩擦、力一杯こすらないと冷たくてたまりません。下腹に力が入ります。

生まれて十何年学校へはすべりこみでかけ込んだ寝坊すけです。生まれて初めて乾布摩擦をやるのです。

続いて海軍体操をします。これをし始めるころから寒さが気にならなくなります。寒さなんか気にする暇がないほど後ろの上級生の声が気になるのです。

「元気がない！」

「手を伸ばせ！」

「しっかり曲げろ！」

ぼくは生来、体は硬い方でした。

「南！　貴様の体操は何か！　もっと力を入れてやれ！」

寝ている以外は上級生の目が光っています。しかも、上級生はどう見ても立派です。文句の言いようがありません。こちらが至らないというほかはないのです。

体操がすむと朝食まで自由時間です。

## 短い自由時間

ぼくは一〇七分隊の諸君とは昨日初めて顔を合わせたのですから友達はいません。ぼんやり一人で散歩します。岩国のわれわれがいるところはもともと航空隊があって朝早くからエンジンの音が聞かれ、「零戦」や艦爆の「彗星」が練習していました。艦爆というのは航空母艦から発進して敵艦又は敵基地に向かい急降下爆撃する飛行機です。散歩している海岸の上空でやっているのです。

エンジンの音は勇ましいようでもあるし、悲しい音のようでもあります。何か泣いているような音です。が、飛行機は勇壮です。飛んでいる時もそうだし、地上に待機している時もそうです。乗りたいと思いました。飛行機に乗るためには体操ができないといけません。空中転回や逆回転も必要らしい。とにかく柔軟な体を必要とするようです。

散歩しながらそんなことを考えるのでした。

食事の時間が近づいてきました。何事も五分前、です。

## 朝食・課業

食堂に向かいます。食堂の前に皆待っています。ラッパがなります。朝食はパン、バター、砂糖、みそ汁です。食パン半斤を左手で食べます。食事中は無言です。八〇〇名ばかりの者が殆んど無言で食べるのでした。

このバターはどこかの社長さんが生徒さんに食べてもらって下さいと寄贈されたものだそうです。朝から体を動かしているから何でもおいしい。

朝食がすむと一日の課業が始まります。課業というのは授業です。

兵学校では普通学と軍事学を習います。普通学の中には国語、数学、物理、歴史、英語などがあり、軍事学には兵器、通信、陸戦などがあります。

主として課業は午前中で終わり、午後は体操、カッター訓練などがあります。土曜日は棒倒しがあることになっています。

棒倒しは下は白いズボン、上は地の厚い棒倒し服というものをつけ、なぐってもけってもいい競技で、棒上の旗を倒したら勝敗が決する競技です。

すべて軍隊というものは勝たないとものになりません。従ってこの学校では勝つことが全ての競技の目標でした。負けると上級生を初め教官が涙を出さんばかりにくやしがります。ここにいる者は負けることを何よりも嫌う人達でした。

それはカッター競技にもいえます。一番になることが全員の目標でした。

しかし一番になるものがあればびりになるものもあります。勝つ者がいれば負ける者も必ずいます。びりになったり負けたりすると、上級生が気合いを入れるのです。そうでなくてもきびしい訓練がますますきびしくなります。

びりが強くなると一番が一番でなくなり、負けた者が練習に力をいれれば勝つようになります。負けた者が勝てば勝っていた者は負けます。お互い練習量が増えます。常に勝敗によって厳しくなるのが訓練というものでした。

その点、課業には肉体的苦痛はありません。課業が始まる前に全員校庭に集合して、定時点検というのがあります。学習用具も準備して服装も整え、分隊監事の点検を受けるのです。分隊監事は一人一人の生徒の前に立ってじっと見ています。生徒は姓名を名のります。

小林大尉は眼が鋭い。心の底までじろっと見られるようです。「今日一日しっかりやれよ」そういう眼です。きびしい眼でした。

それが終わると一日の課業が始まります。各学年ごとに行われるので普通の授業とかわりません。そして午後はたいてい訓練です。

カッターに乗って櫂の持ち方、漕ぎ方を教わります。このカッターは櫂が一二本、艇長、艇指揮を加えると一四人乗りです。腰かけのような横板に腰を掛け、力一杯漕ぎます。かなり力がいります。

訓練が終わると夕食までが自由時間です。その間に入浴します。ここでは浴場はバスといいます。机はデスク、寝台はベッド、風呂はバスと言わないと怒られます。バスは上級生と一緒です。注意しないといけません。

一度こんなことがありました。

普通、風呂に入る時は誰でもタオルで前を隠します。これは人間の本能だと思います。それを西尾生徒がやっていました。上級生が後から見ていて

「待て！」

西尾生徒はタオルを持って、気をつけ、の姿勢をしました。

「貴様、娑婆気を出すな！」でした。

ここではよく娑婆気ということばを聞きます。今までの家庭での甘やかされた生活のことを言うのですが、めめしいこと、ふざけたこと、はずかしいこと、そんな感情をあらわに出すとこう言われ、注意を受けました。

「バスに入るのに何で前を隠すか！」

男とはいえ、今でいえば高校二、三年です。はずかしいのが当たり前です。が、ここでは許されません。

「貴様の娑婆気をとり除いてやる。今から浴槽の周りを手を振って歩け！」

西尾生徒はしばらく戸惑っていましたが、上級生の命令は至上命令です。手を振り、足を上げ、素裸の西尾生徒が歩き始めました。浴槽にはたくさんの三号生徒がいて、くすくす笑っていました。するとまた一号生徒は浴槽の三号に向かって

「待て！　貴様らは友達が一生懸命やっているのに笑うとは何事か。出てこい！」

ぼくも含めて一五人ばかりが浴槽の周りを歩かされました。

すべてがこういうふうで、兵学校タイプという一つの型にはめられるのには一ヶ月かかりませんでした。枠にはずれたら、体罰を受けるからでした。体でもって覚えるといったやり方でした。

体罰について書いてみますと、入校教育中、二週間はいろいろな規則を徹底的に教えこまれます。その間は上級生は注意するだけです。声だけでも相当恐ろしいですが、手を出すということはありません。が、二週間目に鉄拳解禁の日というのがあるのです。

教えることは皆教えた。それを守れないのは心がたるんでいるか娑婆気が残っているのだから気合いを入れるというわけで、その日以後最上級生になるまでたたかれるわけです。たたくのはげんこつです。たたく時に言うことばは、「待て!」です。

気をつけの姿勢で待っていて、上級生が来るとその上級生の方へ向きます。

「貴様……である。」……は規則違反したこと。

「貴様のくさりきった性根をたたきなおしてやるから足を開け!」

両足を開く。

「歯をくいしばれ!」

歯をくいしばる。そこでポカリ。上級生によって個人差はあるのですが、げんこつですからかなりこたます。唇が切れて血が出ることは再々です。被害者の方も個人差があるのでしょうが、ぼくの場合は一日平均五回くらいはこうしてたたきなおしてもらいました。

たたかれた時の気持は、痛い、というそれだけです。別にたたいた者をうらまない。そういうことになっていると思っていました。とは言え、たたかれる前の気持はいいものではありません。

## 夕食後の自習時間

自習時間は一九時から二一時三〇分までです。途中、一回休憩があります。自習は各分隊ごとに行うので三号にとっては緊張の二時間半です。後ろに二号生徒、一号生徒が目を光らせ、ちょっとでも姿勢が崩れると注意されます。

自習室でおもしろいのは机が成績順に並んでいることです。机の位置によってその生徒がその分隊で何番目であるかすぐ分かります。が、成績による劣等感は持っていません。上級生は上級生のプライドを持っています。自習時間の前半が終わると、休憩があるのですが、この休憩時間はたいていなぐられる時間です。スピーカーを通して

「デスクに×印がしてある者は中央玄関前に集合！」整頓が悪いと机に×印をつけられるのです。

中央玄関前に集まると同じ仲間がぞろぞろ集まります。獲物が集まるとハンターも集まるという具合で、これは元気よく寄ってきます。

一人の上級生が

「貴様らの机の整頓はなっとらん！　ただ今から気合いをいれてやるから間隔を開け！」

ぱっと広がる。

「足を開け！　歯をくいしばれ！」

それぞれの列に休憩時間をなぐることで過ごそうとする上級生がついて、ポカリ、ポカリとやるのです。列、列を上級生はなぐっていきます。横目で、なぐる人、なぐられる人を見ます。時によっては手かげんをしてなぐる人がありますす。相対的に腕つぶしの太いパンチ力のある人もいます。当たると必ず倒れるという腕力の持ち主もいます。それぞれの列によって上級生が違うのでした。

一列違ったおかげで、なでるような上級生にめぐり合う時もあり、その列になったためひどいダメージを受ける時もあります。

だから、「足を開け！　歯をくいしばれ！」でポカリ、ポカリと音がし始めると左を横目で見るのでした。うす暗い校庭でポカリ、ポカリとやられる姿は数が多いだけにすさまじいものです。これで学習の疲れもふき飛び、眠け眼も覚めるのです。

そして九時二五分、五省の時間となり、巡検、就寝となります。

# 敗　戦

思えば昭和十八年十二月一日の入校式の日から昭和二十年八月十五日まで、毎日このような生活を続けてきたのでした。それはつらく苦しい毎日でもあったし、楽しい思い出の日でもありました。

「青年は意気と熱、そして顧みる時の微笑」上級生によく聞かされたことばです。

敗戦のこの日、ぼくは八方円神社でこのようなことを思いうかべていました。

何時間か八方円神社にいると心が静まり何だか落着いてきました。ぼくは坂道を降りて自習室に帰りました。

大半の人は机にうつぶせて泣いていました。そうでない人は静かに目をつぶって何か考えていました。

そのうち誰かが「夕食だから食堂に行こう」と言いました。それを聞くと泣いていても食べるのだけは皆食べに行きました。

が、ただ一人、六〇七分隊の先任である田村生徒は動きませんでした。じっと泣き伏したまま食堂に行こうとしません。誰がさそってもがんとして受けつけないのです。彼は静かに泣いていました。日本の敗戦、それを人一倍彼は感じ、とても食べる気持になれなかったのでしょう。三日間何も食べませんでした。

食堂での、みんなの話題は一体日本はどうなるのだろうか、われわれはどうなるのだろうかということでした。

「重労働させられるかわからないぞ」というような噂もあちこちで聞かれました。

日がたつにつれて敗戦の悲しみは一身上の不安に変わっていきました。特に広島市出身の生徒は家族の安否をひどく気にしていました。そして大半の人は絶望的でした。

## 記録の焼却

敗戦の日から三日目だったと思います。

スピーカーを通して「機密書類は庁舎横の焼却場で焼却せよ。」と放送されました。「生徒の自啓録も焼き捨てること。」と付け加えられました。自啓録というのは生徒が自からの心を広くし磨くためにつける日記でした。それを聞くと、まず自習室にあった暗号書、秘密書類などを焼きました。次に一人一人二年にわたって書きつづけた自啓書を一枚一枚めくりながら、あの日のこと、この日のことを思い出深く読んで、最後の別れをするのでした。

敗戦ということを味わったことのない国の若者が、初めて味わわされる悲しみでした。ここに書いていることがどんな罪の対象になるかわかりません。今までの生活は全部相手国に知らせてはなりません。炎と共に焼き尽してしまわなくてはなりません。それはいままでの生活を根底から否定する行為でした。日本も否定され、兵学校の生徒一人一人も否定されたのです。日記類までも命令によって焼かなければならないそのみじめさを感じました。戦は負けてはならぬ。一ページ、一ページ読みながら強く思いました。

否定されればされるほど自啓録に書きとどめた兵学校生活はなつかしいものです。ぼくは、初めからその日、その日のことを思い出しながら読み出しました。

まず最初に目についたのが次の日記でした。

## 日記

「昭和十九年一月一日　(土)はれ

きょう入校以来初めて外出が許可された。

友達三人と外出し錦帯橋へ行って弁当を食べた。

帰りに訓練中、靴ずれが出きていたので足をすこしひきずって歩いていたのを上級生に見つけられた。夕食後、その上級生のところへ行くと足の悪いものが外出するとは兵学校のつらよごしだ兵学校精神をたたきこんでやるから足を開け、歯をくいしばれとおもいきり、左のほっぺたをたたかれた、左側だけぷーとふくれた。兵学校というところは正月も何もないところだと思った。」

元旦になぐられたのでよく覚えています。しかも歩き方が悪いといってひどくなぐられたのでした。兵学校では校門から一歩でも出ると走ってはいけなかったのです。いらいらした姿はみっともないからです。スマートに余裕をもって堂々と歩かなくてはいけないのです。ここでは寝ている以外、校内外どこでも一挙手、一投足おろそかにできません。だから一瞬一瞬、緊張をしいられるのです。そしてすきがあったらなぐられるのです。

「一月十四日　㈮くもり
昼食時、足をくんで食べているのを上級生がみつけ呼び出しをうけた。一〇四分隊の一号生徒だったが、他分隊の上級生のところへいく態度がわるく三度やりなおしをさせられ、やっと合格したところで左右二回づつたたかれた。かえって伍長に報告するとぼやぼやしとるといって又たたかれた。」

食事をしている時足をクロスさせていたのです。それだけでもいけませんでした。他分隊の上級生の所へ行く時はドアをあけて礼をする。そしてその生徒の所へ行ってまた礼をします。そして「一〇七分隊、南義明、昼食時間、足を組んでいて注意をうけ、ただ今参りました。」と言わなくてはならないのでした。

それがよくわからないので、もたもたしていたのである。ほんのちょっとしたことでもやられるのがここの特徴です。

油断はできません。油断していないと思っていても油断しているから、たたかれるのです。たたかれ、たたかれ、細心の注意をするようになるのでした。

たたかれた後は顔がすこしふくれます。口の中が切れるので水をふくんではき出すと血が出ます。何度もなぐられていると、ほっぺたの皮が厚くなるような気がしてきます。そして、なんだかなぐられ強くなるようでもありました。

「一月二十八日　㈮はれ

きょうは午後棒倒しがあった。旗を立てた棒をまん中にしてスクラムを幾重にも組み、そのスクラムを組んで守りとした。そのスクラムの前には遊撃隊がおって敵の攻撃をかわす。

一方攻める時は大将が先頭に立って突進し最初敵の大将とぶつかる。大将に続いて三号がなだれのごとく襲いかかり幾重にも組んだスクラムにぶっつかる。スクラムを組んだ三号は足でけおとす。

それでもひるまず体に組みついていく。そして腰を下げ続いてくる生徒は前の生徒の腰に頭をいれ棒に攻め上がるのに都合のいいように組みついた人から低い姿勢になる、そこへ二号、一号が攻め上げる。入り乱れて戦う、なぐり、ける、おしつぶされる。

壮絶をきわめる競技である。

われわれの分隊は負けた。おまけに小生はおしつぶされ四、五人の下敷きになって、息の根がとまるところであったが、他分隊では一号生徒にあごをなぐられてあごがはずれ病室に行った者もあった。

さすが江田島名物棒倒しだと思った。」

棒倒しも思い出の競技です。棒倒し服をつけ、進めのラッパを聞く瞬間の緊張、そして負けた時の上級生の悲壮な表情、あごがはずれた三号は当分上歯と下歯を針金のようなものでくくりつけ、歯と歯の間から液状の食事をとっていましたが、どうしたでしょうか。

「二月六日　㈰はれ

きょう四時、非常呼集のラッパが鳴った。初めて聞いたラッパだが実に景気のいいラッパであった。

上級生はよく知っていて、ぼやぼやするな、急げ、とどなり続けた。かけ足で海岸のカッターのつるしてある所へ行き、カッターを降ろし、沖の浮標までこいで行った。朝の冷たい風で手が凍るようであった。凍るというより殆んど手の感覚はないようであった。ただオールをにぎっている両手があることだけが感じられた。一号生徒が気合いを入れる。

かいをもっとつき出せ。深くかけ。力一杯ひけ。

まだ暗い凍ったような海を何十隻かのカッターが進む。とりかじ一杯よおそろー。ブイを回ってまた海岸に向ってこぐ。手は冷たいが体はほくほくと暖かい。眠気などはとうの昔にふきとんでしまった。

一〇七分隊は二着であった。後一息で一着になるところであった。ほんの二、三米の差で一〇三分隊に負けた。

一〇三分隊のカッターは全員かいを立て一着の栄誉を誇示した」

兵学校では何といってもカッター訓練がきびしかった。カッター競技のある前一週間は、寝る前いつもベッドの上で上体を屈伸して柔軟運動をやりました。何ごとも徹底していて時にはやりすぎて下痢するものもいた。競技より練習がきびしかった。

「二月一三日　(日)

きょうは外出日であった。友達とクラブへ行った。

畳の上に横になるのはここちよいものだ。

クラブは三号だけだから全てのものから解放され十分くつろぐことができる。が楽しみが多いだけに夕方帰る時には何となくいやな気持である。

外出日には、夕食後軍歌の練習がある。円形になって外側と内側が逆に歩きながら軍歌集を持ち、手をいっぱいのばして元気よく歌う。

「澎湃寄する海原の　　大波砕け散るところ
常磐の松のみどり濃き　　秀麗の国秋津島
有史悠々数千歳　　皇謨仰げば弥高し

玲瓏聳ゆる東海の　　芙蓉の峰を仰ぎては
神州男児の熱血に　　我が胸さらに躍るかな
ああ光栄の国柱　　護らで止まじ身を捨てて

古鷹山下水清く　　松籟の音冴ゆる時
明け離れゆく能美島の　　影紫にかすむ時

進取尚武の旗上げて　送り迎えん四つの年

短艇海に浮かべては　鉄腕櫂も撓むかな
銃剣とりて下り立てば　軍容粛々声もなし
いざ蓋世の気を負いて　不抜の意気を鍛わばや

見よ西欧に咲き誇る　文化の影に憂い有り
太平洋を顧見よ　東亜の空に雲暗し
今にして吾勉めずば　護国の任に誰か負う

ああ江田島の健男児　時到りなば雲喚びて
天翔け行かん蛟龍の　地に潜むにも似たるかな
斃れて後に止まんとは　我が真心の叫びなれ」

この「江田島健児の歌」をうたうと心の底からふるいたつような気がする。うす暗い校庭に一〇〇〇人近い生徒が互いに円形運動をくりかしながら歩調を取って歩く姿は夕暮れの淋しさなどふきとばしてしまう。外出時の故郷思う感傷など吹きとんでしまう。」

ぼくは心の中でこの歌を口ずさんでみました。なつかしかった。涙が出てきました。七〇年余りの伝統をもった兵学校はどうなるのだろう。何十年の間、歌い続けられたこの歌は永遠に消え去ってしまうのでしょうか。そんなことがあってたまるものか。

この日記は焼かなくてはならない。しかし私の心の中にははっきり、このメロデイがやきつけられています。あの雄壮な、どんなことにぶつかってもびくともしない闘志の脈うつリズムがはっきり聞こえてきます。

次第にこの日記を焼きたくないような気がしてきました。そして一ページ一ページくい入るように読み続けました。

「二月十九日　(土)

今日は大掃除があった。なかなかきびしい掃除であった。これは兵学校独特の掃除で、これによって海軍魂がつちかわれるのだそうだ。

上級生がよくいう〝スマートで目先が利いてきちょうめん、負けじ魂これぞ船のり〟という海に生きる者の不屈の魂が作られる。

まず寒風をついてはだしの三号が整列した。上級生はかしの棒を持って仁王立ちに立っている。

「そうふ用意！」大きな声で叫ぶ

麻のひもでできている大きな雑布をオスタップという水の入った桶につけて、教室の床板に力一杯すりつけこする。

一列にならんで腰をおろし右足を一杯踏み出してそこを力一杯ふく。次に左足をふみ出して又力一杯ふく。そうして前進する。向こうの壁につき当たったら、上級生が「回れ！」という。また、いまふいたところをふく。その間、かしの棒を床にたたきながら

「元気がない！」

「もっと腰をおろせ！」

「足をふみ出せ！」

（上級生が）気合いをいれる。

「二月二十七日㈰

昨夜から、きょうにかけて巡航帆走にでた。楽しい一夜であった。

土曜日の午後から準備して、夕方カッターに食糧、間食、毛布その他を積み込んで瀬戸内海の島々を帆走。カッターで毛布にくるみ、間食を食べながら日頃鬼のように思える上級生からくだけた話を聞く。やはり人間味はあるのだと思う。夜の海を寒風に吹かれながら帆走するのは何ともいえない気持である。この日は途中から吹雪になって一〇米先が見えない位であった。夜中なので見張り、艇長、艇指揮以外毛布にくるんで狭いカッターの中で寝ていた。

するとと突然艇指揮が「かい用意！」と叫んだ。

たまげてかいを持つと、見張りをしていた高田生徒が冬の海にとびこんだ、何をするのかと思うと何でも風に

流されて砂浜に横倒れになろうとするカッターを押していた。二人海の中に入っていた。それ、というので二人は海の中から押す。後の者はかいでこいで危機を脱出した。

夜明けになって学校へ帰った時、みんなびっしょりであった。しかし、何ともいえない楽しさであった。上級生も見張りの機敏な行動に感心していた。

小生も兵学校の楽しさはきびしく生きる楽しさであると思った。」

「七月十日　(月)

カッター訓練は海軍にはつきものだが梅雨明けを待ってカッター訓練は特にきびしくなる。カッター週間というのがあるからである。

いまごろは休憩時間はたいていランニングの練習。夜はベッドの上で柔軟運動、昼からはカッター訓練という日課である。

カッターをこいでいると汗がでる。その汗が真夏の太陽に照りつけられて塩となる。目がしみる。目にしみてその方に気をとられるとかいをこぐ手がおろそかになる。すると一号生徒がひしゃくで海水をぶっかける。顔中塩だらけになる。その上腰かけにしりのはしをのせかけてこぐのでしりの皮がむける。一皮も二皮もむける。汗が血でにじむ。白いズボンににじむ。

きょう三号がバスから出て円形になってお互いのしりにヨーチンをつけた。しみるので「用意テツ」同時につけた。みんな飛び上がった。」

そういえば夏のカッター訓練も思い出深いものです。冬は冷たいけれどもこいでいるうちに寒さなんか忘れます。けれども夏はあの尻の皮がむけるのには弱りました。まともに座れないのです。しかもたいてい尻が赤くだれ見られたざまではありませんでした。

「八月五日　㈯

カッター週間が終わると、水泳週間というのがある。

きょう大阪出身の三号が全然泳げないらしくとても水に入ることを恐れていた。すると一号が舟にのせ、沖にでたと思ったら海の中にほうり投げた。その三号は両手をばたばたさせながら助けを求めた。水もかなりのんだ。

それでも上級生は知らん顔をしていた。力つきて沈みそうになった時引き上げた。

実は兵学校では金づち組はみなこうして訓練するのだそうだ。これでやると二三日で泳げるようになるらしい。小生は泳ぐことができたからそんな目には会わなかったが水泳でしぼられるのは泳いだ後のふんどし洗いである。洗うのは何でもないが後かわかすのに階段を上がって屋上の物干し台まで行かなくてはならぬ。

ところが二段、三段、屋上と一号が立っていて水泳で疲れた足どりで上がってくる三号に「待て」をかける。

「待て、元気がない。やり直せ」

二段でひっかかる時がある。三段で呼びとめられる時がある。屋上でやれすんだと思ったとたん「やり直せ」といわれる時もある。

きょう二階で三回、三階で一回ひっかかった。足は棒のようであった。

ふんどしがひらひらと風にひらめいていた。」

「八月十二日　(土)

きょう一〇メートルの高さのところから飛び込んだ。まるで飛込台の上に立った時は死刑を宣告された時のような気がした。

飛込台といっても旧い軍艦の甲板をつき出しているだけで順番に笛が鳴ると一人一人その上に立った時足がぶるぶるふるえた。

遠くをみると緑の島が青い海に浮かんで見える。下を見ると恐ろしいからその方ばかり見て両手を前後に振る。そう何度も振っていると臆病に思われるので思いきって飛び込む。着水するまで一秒と少々かかる。眼は開いているので軍艦の横の黒い鉄板がすごいスピードで落ちていく。と思ったら金づちで頭を打たれたようなショックを受ける。やれすんだと思う。

すぐ上を見る。次の人が恐ろしそうに手を前後に振っている。何でも一五米以上から飛ぶと命にかかわるそうである。きょうは不安と喜びが入り混じった日であった。」

この飛び込みも一生忘れられないでしょう。恐ろしい体験ほどが苦しい体験ほどが大きな思い出となって残っています。そして、それをやり遂げ通り抜けた時、心から喜びがわき起ってくるのです。

「八月十三日　(日)

水泳週間の最後の日は遠泳である。

きょう遠泳があった。朝八時すぎ、岩国の二つ、三つ向うの藤生というところからスタートして岩国まで泳いだ。夕方の五時ごろまで泳ぎ続けた。

昼飯は大きな握り飯を泳ぎながら食べた。距離はどれ位あるかわからないがとにかく八時間位水につかっていたことになる。

陸地に足をつき、二、三歩歩くと足がいうことをきかない。

夕食にはぜんざいが出た。」

海軍の学校であるから泳ぐことについてはいろいろの思い出があります。しかし、何といってもこの遠泳と一〇米の飛び込みは忘れることができないものです。

それに兵学校の水泳はふんどしで泳ぎます。ふんどしには名前がでかでかと書かれています。泳いでは干し、泳いでは干し、海に生きる者のたくましい意欲がこのふんどしにしみこんでいます。鍛えに鍛えた体にもっとも近く、ついて離れないのがこのふんどしです。

いつもわれわれに闘志を失わせなかったふんどし、きんたまがすわっていれば恐ろしいものはありません。このきんたまをしめつけているのがふんどしです。

思えばわれわれはふんどしと共に生きてきたともいえるのです。

赤裸々の生活、男だけの生活、泣くことの許されぬ生活、海にまっこうからぶつかっていく生活でした。

「九月十八日　(月)

きょうは午後すもうをした。

海軍では伝統的にすもうが盛んで、兵学校でも柔道剣道と共によく行われる。兵学校のすもうは押しずもうを主として教えられた。それと勝ち抜きでなく負け残りというのが特徴である。

負けると土俵に残る。勝つまでは土俵でいじめられるので、弱い者はひどい目にあわされる。しかしけたはずれに弱いというのはいないようである。やはり全国から選ばれただけあって闘志まで失う者はない。足がひょろつき倒れそうになっても真剣なまなざしで仕切りをする。

行司といっても教員（下士官）は、その表情を見て他の取り組みをさせる。小生もあまり強い方ではないので三回ばかり残ったが捨て身でぶつかっていったら四回目には勝った。さすが勝った時には誰の顔かわからないくらいのぼせ、足はふらふらであった。」

競技はどれもこれも闘志をつちかうもので、何もかもが逆で、楽な方より苦しい方を選ぶというやり方でした。すこしでも楽をしようとすると怒られたのです。夏は暑くなるようなことをし、冬は寒いところへ進んでいくような仕組みになっていました。

「十一月二十四日㈮

きょう、卒業した戸村候補生がこられた。一号生徒の時より貫禄もつき、はきはきしていた。やはり実戦部隊に配属されると違うものだ。

今日悲しい知らせを受けた。牧岡候補生が戦死されたとのことだ。中国沿岸の警備を主とした駆逐艦敷波の乗組みだったが、魚雷が命中して艦橋から、ふき飛ばされ、そのまま行方不明になったとのことだ。

牧岡生徒にはよくしぼられ、よくなぐられもしたけれども、いまや亡し

別れる時サイン帳に書いて下さいと持っていくと、やわらかいちょっと女性的な上手な字で至誠と書き、横に、元気にやれ、大和住牧岡滋香と書いてくださった。

(大和というのは牧岡の出身地である。)

永遠に大和住となられた。今この字だけがかすかに牧岡生徒のおもかげをしのばせてくれるのである。」

この頃から二級上の七三期生の戦死が目だって多くなりました。今思えば楽より苦を求めて戦場にかけつけた若い兵士は敵の猛攻の前に次ぎ次ぎ倒れていったのでしょう。この頃、ぼくは下級生の寝顔を見ながら、彼等は一体どうなるのであろうか。一年か二年の命でまちがいなく死んでしまうのだが、と思ったこともありましたが、どんなことになるかわからないものである。

「十二月十九日㈫

きょう教官から戸村候補生の戦死の報を聞いた。

戸村候補生はわれわれが入学した時の一〇七分隊伍長であった。あまりがみがみおこるタイプでなく、じっと眼をすえてこんこんと教える人であった。

サイン帳には「己を慰むる勿れ臍に力が入ればこわいものなし」と書いて下さった。この前学校に来られた時

「牧岡は中国沿岸の警備に当る駆逐艦、おれは空母、おそらくおれが先に戦死するだろうと話し合ったのだけれどもあいつが先にいきやあがった。」と元気そうに話しておられた。

が、別れる間際に

「こんどはおそらくレイテに行くから、こんどこそおれのばんだ。きさまらに後を頼むぞ」

そう言って去って行かれた。ずっと後姿を見送ったのを思い出すが何かさびしそうであった。あれが永遠の別れとなった。

いま戦局はどうなっているのであろうか。一歩一歩後退しているように思われる。」

この日記を読むと悲しくなります。後を頼むぞと死んでいかれた戸村候補生に何をもって答えたであろうか。

「無条件降伏」

戸村候補生は空母の飛行甲板に最後まで残って艦と運命を共にされたではないか。

「三月一日㈭

きょう第七四期生の卒業式であった。

前線部隊は海軍兵学校第七四期生の卒業生一〇〇〇余名を首を長くして待っていたであろう。昨夜七四期生は校庭の千代田艦橋の前に二、三号を招集。

〃いまや日本帝国は未曾有の危機にひんしている。われわれ第七四期生は明日敢然立って戦線におもむく。全員生きて帰ろうとは思っていない。本日、きさまら下級生に何十年にわたる海軍魂を心の底深くたたきこんでおくから全員間隔を開け。〃

そして卒業生、全員が在校生に鉄拳をふるうのであった。

足を開け、頼むぞ、上級生も涙ぐんでいる。なぐられる方もなぐって下さい、やります、といった感激の一瞬である。月が冷たく静かに照らしていた。

低い鈍い音があちこちで聞かれ、涙ぐんで別れのことばを言いかわす上級生、下級生の興奮した声が聞こえる。

明けると卒業式。

全員が千代田艦橋に整列、短剣姿もりりしく、卒業生を前にして後ろに在校生が並ぶ。

優等生一〇名が一人一人誉れの歌と共に短剣を受ける。片手で授けられ片手で受ける。紫の袋に入って赤いひもで結んだ短剣。

式後八方円神社へ参拝、沿道の在校生に敬礼しながら表桟橋から巣立っていく。内火艇が用意され、それぞれ配属された基地に向う。別れの歌が流れる。卒業すなわち戦死という別れ、ただ涙がこぼれるばかりである。」

こうして自啓録を読んでいると、一日、一日の生活がついこの間のできごとのように思えてなつかしく感じられるのでした。とてもそれを焼く気にはなれませんでした。

しかし命令です。この記録が後でどんなことになるかわかりません。皆、涙を流し、わが子と別れるような気持で焼きました。

## 帰郷

そして昭和二十一年八月二十三日、兵学校生徒は全員帰郷することになりました。全国から集まっている生徒はそれぞれの故郷に向って帰ります。

ぼくは、さてどこへ帰ろうかと考えました。当時広島へは六〇何年間人は住めないといわれていたのです。ぼくは父の里か母の里のどちらかに帰ろうと思いました。

みんなそれぞれ帰ることになりました。短剣はもぎとられて丸腰になりました。帽子の徽章もはぎとられて毛をむしられた七面鳥のような姿でリュックに使いなれた身の回り品を積み込み、カッターで江田島を出発しました。広島出身の者が数名同じカッターに乗り込みました。

乾パンと干し米を二、三日分配給され、みじめな帰郷でした。お互い再起を期して全国に散っていきます。一〇〇隻に近いカッターが帆走しながら別れのことばを手旗でかわします。

「ワカレテモ　エタジマセイシン　ワスレルナ」

「ナツカシキ　エタジマ　サヨウナラ」

まだ陸で見送っている友に対して手旗を送ります。二年足らず住み、数多くの思い出を残して、いま別れるとなると感慨無量です。

敗戦により帰郷、永遠の別れ、今日限り兵学校はなくなるのです。七〇有余年にわたる伝統を持つこの学校も永遠になくなってしまうのです。

カッターは帆に一杯風をはらんで進んでいきます。進むにつれて校舎は遠ざかっていきます。緑の松並木が遠くなっていきます。そして岬を回ると全然見えなくなりました。

「サヨウナ　サヨウナラ」カッターは本土を目指して進んで行きます。行きの張りつめた気持に対して帰りの何と空しいことか。行きは、まがりなりにでも国のため命を捧げるつもりできたのです。

一体何をしにここへきたのか。戦いに負けたから、こうして帰っているのである。いや帰らされているのである。戦争が無いとわれわれは用のない人間である。まして戦いにやぶれたら何の役にも立たない人間である。一体戦争とは何か。どうして日本はアメリカと戦わなくてはならなかったか。

ぼくはその時から戦争というものを考えるようになりました。

# このたびの戦争について

日本はもともと島国です。小さな国のところへ人口だけは一人前に多いのです。そしてもともと好戦的な国民です。日本が始まって以来、日本人同士が戦ったことは数知れず、その戦さで死んだ者は無数であるにちがいありません。

その上日本人は伝統的に死を賛美する傾向があります。佐賀の葉隠れの武士は「武士道とは死ぬことと見つけたり」と戦さに出ました。たび重なる戦さは人を殺すことを何とも思わなくなり、死の恐怖を克服するいろいろな方法を考え出しました。死ぬために仏教や儒教が利用されました。どうしたらいさぎよく死ねるか、どうしたら生の執着を絶つことができるか、いろいろ研究されました。

更に日本人は昔から直情径行型でがむしゃらにひとすじ道をつき進む傾向があります。長い間の鎖国がとかれ、諸外国の進んだ文化、制度に接した時、目をくるくる廻しながら一方的にそれらを吸収し、遅れてはならじと餓鬼のように突進しました。

特に持ち前の戦争好きは長年鍛えた闘志をもって鍛えに鍛え世界一残酷な軍隊を作り上げました。富国強兵の線に沿って政治が行われました。男子は満二十歳になったら徴兵検査を受け、いや応なしに軍隊に収容されました。しかも世界一封建的な世界一きびしい訓練が行われました。幹部を養成する陸軍士官学校、海軍兵学校が作られました。

こうして明治初年から作り上げられた日本帝国陸海軍は明治天皇御下賜の軍人勅諭を核にしてしだいに強大になっていきました。日清、日露の戦はそれを実証しました。ますます軍隊は強固になりました。国運を発展させるためには軍隊を強くするにかぎるという考えが日本人全体に浸透しました。軍人が政治に関与するようになりました。

政治は、素人の軍人が狭い日本を拡大するため軍国主義の魔手を伸ばし始めました。昭和の初めから世にも奇怪な事件が次ぎ次ぎ起りました。二・二六事件、五・一五事件。日本は完全に軍国主義の線に沿って発展して行きました。

その頃ぼくは小学校の五年でした。ぼくらはいつも友達と話していました。

「支那は生意気なのう。日本をなめとりゃぁがるのう。やりゃぁげたりゃぁええんで。」

小学生の間にまで支那と戦争をせずにはおられないような、戦争気分が盛り上がっていました。

その年昭和十二年七月七日、日本は支那と戦争を始めたのです。日本軍は連戦連勝でした。今日は旗行列、明日は提灯行列でわき上っていました。

「やっぱり日本は強いのう。支那がなまいきなけぇこういう目に合うんでぇ。」

小学校に通う道々、話し合ったものです。

ところが戦勝にばかり酔ってはおれませんでした。戦争であるからには相手も死ぬでしょうが、こちらも死ぬからです。毎日の新聞には、上海占領、北京占領、南京陥落というはなやかな情報と共に、○○中佐壮烈なる戦死、戦死○○名という記事が見出されました。そして多くの男の人達が赤紙といわれる召集令状で軍隊に召集され、戦地に送られました。ぼくの父も、ぼくが小学校五年生の二学期に兵隊にとられました。三十六歳の時です。とても悲しく淋しかったのを思い出します。

戦争は続きました。

日本は大抵の戦争で勝ちました。勝っても、勝っても戦争は終りません。広大な中国の土地では中国軍は次ぎ次ぎ退却しました。とうとう重慶という奥地まで逃げ延びました。負けても、負けても戦争を止めないのは後ろで中国軍を援助するものがいたのです。英・米両国です。

日本の軍人は、日本を発展させるために大きな壁になるものをいつも想定していました。北のソ連・東のアメリカです。ソ連の共産主義・アメリカの資本主義。いつかどちらかと対立するであろうことを予想していました。今、その壁にぶつかったのです。

日本の政治家は軍人を集めて、いろいろ考えました。日本と中国との戦いは足かけ五年続いていたのです。中国との戦いは、アメリカ、イギリスとの戦いに発展しそうでした。

## 深みにはまった満州事変

そのころ、日本の政治家は戦争に反対でした。軍人の一部の人を除いては、アメリカと戦う無謀をよく知っていました。特に海軍はそのことを知っていました。天皇陛下も反対でした。

しかし、満州事変、日支事変と続いた戦争は、戦争終結の努力をしようとすればするほど深みにはまっていくような情勢になってしまいました。

当時の首相、近衛文麿もどうにもならなくなって総辞職しました。その後を継いだのが、東条英機陸軍中将でした。軍人にふさわしく、こうと思ったら後にひかぬ押しの強い一徹な人でした。不思議なことに当時の政治家は「東条なら戦争を終らせる。彼しかそうできる人間はおらぬ。」と思っていました。その彼も、日米関係の険悪から、戦争をせざるを得なくなりました。

陸軍と海軍の首脳が集まって相談しました。アメリカと戦争になればどうしても舞台は太平洋です。海軍は、日米戦争の勝算をたずねられ、山本五十六大将が「一年二年なら暴れる自信はあるが、その後はわかりません。」と答えました。

そんな状態の中で着々と日米戦争の計画が立てられていました。

## 真珠湾攻撃

アメリカとの戦いは、太平洋を舞台にしての戦争になりますから、海軍が主体になります。海軍はもしアメリカを敵に戦うならば、真珠湾の奇襲が最も効果的であると考えていました。そこで真珠湾の地形によく似ている桜島近辺で何度も練習が行われました。鹿児島の上空では昭和十六年の秋から冬にかけて飛行機のうなるような音がしょっちゅう聞かれました。

一方、海軍の首脳は岩国に集まって開戦の日をいつにするか、又、どのように戦うか作戦を練りました。その結果、太平洋上で訓練をしている艦隊に「ニイタカヤマノボレ」の暗号を送って開戦の合図とし、真珠湾を奇襲することに決しました。

又、陸軍はアメリカ軍のいるフィリピン、イギリス軍のいる香港、シンガポールを占領し、ジャワ、スマトラ、ボルネオ等の油田地帯を手に入れようと思っていました。陸軍がこれらの戦いをするためには、兵器、弾丸、それに数多い将兵を送らなくてはなりません。そのための輸送船団それに護衛艦隊がいります。これらはいつでも出撃できるようになっていました。

真珠湾奇襲部隊は北太平洋で訓練していました。そこへ「ニイタカヤマノボレ」の暗号が送られました。それぞれ攻撃に移りました。

真珠湾攻撃は、四種類の攻撃で行われることになっていました。一番、上空を急降下爆撃隊五一機。次に、水平爆撃隊四九機、その下に電撃隊四〇機。電撃隊というのは飛行機から軍艦に向けて打ちこむ魚雷を積んだ飛行機です。更に、水中には真珠湾攻撃のために特に考えられた特殊潜航艇五隻、これは殆ど生きて帰ることを断念していました。

時に十二月八日未明でした。

真珠湾には、戦艦、巡洋艦などアメリカ太平洋艦隊の主力が停泊していました。空母「赤木」、「加賀」、「蒼龍」、「飛龍」、「翔鶴」、「瑞鶴」から発進した真珠湾攻撃隊第一波百八九機は、東京時間午前三時一九分、ホノルル時間午前七時四九分、総司令官淵田中佐の「トトツートト」（全軍突撃せよ）の命令によって攻撃を開始しました。

この日アメリカ軍は日曜日であったので、大あわてでした。遂に戦艦、巡洋艦、六隻沈没、四隻大破、中破、飛行機二一九機、戦死者三〇三名、負傷者一二七二名の損害を受けました。

日本海軍の作戦は大成功でした。ただ、特殊潜航艇はさしたる戦果もあげることなく、五隻とも沈没、九名が戦死しました。

が、この奇襲によってアメリカ国民は激しい怒りに燃えたのです。この怒り、闘志が「リメンバー　パール・ハーバー」（真珠湾を忘れるな）となって、対日戦闘に大きな力を発揮しました。

逆に日本はこの奇襲の成功がかえってアメリカ海軍を甘く見る油断となって後々までたたることになるのです。こうして帝国陸海軍は、十二月八日未明、米英両国と戦闘状態に入ったのでした。

## 南方展開

一方、陸軍はマレー半島北部のシンゴラ、パタニ、コタバルに上陸し、シンガポールを目指して一一〇〇キロの距離を進撃しました。これは東京・下関間より長い距離です。

また、香港攻略は十二月九日に開始され、同月二十五日には陥落させました。次に、日本陸軍が最も力をいれて攻めたのはフィリピンでした。それは島国日本が長期戦にそなえて最も欲しかった南洋諸島の油田地帯及びあらゆる物資の供給地である南方と日本を結ぶ航路のまん中にフィリピンがあり、ここがまたアメリカの前進基地であったからです。ここには極東アメリカ軍総司令官ダグラス・マッカーサーが、アメリカ人部隊一個師団、フィリピン人部隊十個師団を率いて日本軍を待ち受けていました。特にコレヒドール島はアメリカの誇る東洋一の要塞でシンガポールとならび称されていました。中には幅一二メートルの地下道が五本もならび、トンネルの中には電車も走っていました。その上りっぱな部屋が数百あり、病院、放送局、地下発電所とすばらしい設備がされていたのです。

この東洋一の要塞を攻撃するのは、日本陸軍砲兵の神さまとうたわれている北島中将の率いる砲兵隊を中心にした第四師団でした。頑強に抵抗するアメリカ軍を圧倒して、マッカーサーを「アイ　シャル　リターン」（わたしは又もどってくるであろう）と（言いながら）退却させ、コレヒドールを占領したのは、五月五日端午の節句のことでした。

これより先、マレー半島に上陸した山下泰文中将を指揮官とする日本陸軍は一一〇〇キロの延々と続いたジャングル、ゴム林地帯を戦車隊、自転車部隊で快進撃五五日間でジョホールパルに到着しておりました。一月三十一日のことです。

一一〇〇キロを五五日間で進撃したのですから、一日平均二五キロ進んだことになります。イギリス軍と戦いながらですから大した記録です。そしてシンガポールを眼前にして作戦をねりました。

この時、日本軍は五万、イギリス軍は十万でした。しかもシンガポールは、イギリスの誇る要塞だったのです。日本軍はウビン島というシンガポール東方の小さな島に上陸するとみせかけて、主力はコーズウェイに上陸し、砲兵隊が援護射撃しました。この作戦はまんまと図に当り、激戦の後バーシバル英国軍司令官は白旗をかかげて降伏してきました。二月十五日のことです。

早速、降伏調印の式が行われました。山下将軍は一〇名の幕僚を伴ってやってきました。バージバル将軍と握手をします。次いで参謀長、参謀などとも握手をすませ、会談にうつりました。

英国のワイルド参謀が、「われわれは日本軍と停戦協定を結ぶためにやってきました。」と言うと、山下将軍は「停戦？　ノー。停戦ではない。イギリス軍が全面降伏するかしないか、すなわち全面降伏にイエスかノーか、それをはっきりさせてもらいたい。」

こうしてイギリスの誇ったシンガポール要塞は日本軍の猛攻によってくずれ落ちたのです。

日本陸海軍は緒戦以来連勝に連勝を重ねました。しかも日本は五年にわたって中国と戦っていたのです。それにもかかわらず、東は真珠湾、西はマレー半島、南はガダルカナル、北はアリューシャンと広範囲に進撃して行きました。

時には空母による空襲、海戦、陸戦と目にもとまらぬ速さで進撃しました。作戦も一部を除いてとんとん拍子にいきました。のどから手が出るようにほしいスマトラの油田地帯、バレンバンも占領しました。不思議に思えるほどうまくいきました。

しかし、初めの景気はうそ景気ということがあります。これだけ景気のよかった日本軍がある戦いをきっかけに守勢一方に回るようになったのです。

## ミッドウェイ海戦

その戦いは忘れることのできないミッドウェイ海戦でした。

日本海軍は常にアメリカ艦隊を太平洋上においてとらえることを考えていました。真珠湾を奇襲したのはアメリカ太平洋艦隊をできるだけ傷つけ、その間に南方方面に進出し、南方の豊富な物資を確保し、あわせ制海権、制空権を得ようとしたからです。これに成功して、次は真珠湾とオーストラリアの連絡を不可能にするため、ミッドウェイを攻撃することに決したのです。この作戦にはいろいろ反対がありました。もうすこし今まで攻めたところを整備してはどうかという意見もありました。

何事もうまくいっている時には考えが安易になり勝ちです。このミッドウェイ作戦も慎重に計画された作戦ではあったのですが、敵に対する態度には甘いものがありました。

もともとミッドウェイ攻略については、日本本土をミッドウェイの線で守るという考えがあったのです。そしてまた、日本を北から守るためにアリューシャン列島のアッツ、キスカの攻略も同時に行いました。これでアメリカ太平洋艦隊を北方におびきよせ、ミッドウェイを主力で撃滅しようとしたのです。が、それらの作戦はアメリカ軍の暗号解読によって完全につかまれていたのです。ここらに勝利に酔った日本軍の甘さがありました。

昭和十七年六月五日、ミッドウェイ島に対して一〇八機の艦載機が攻撃を加えました。しかしこれらの攻撃はさしたる被害を相手に与えなかったので、指揮官機より、「ミッドウェイ島に対しては、第二次の攻撃の要あり」との報告が打電されました。

真珠湾攻撃では大成功を収めた南雲中将はこの海戦でも第一線に立って指揮していましたが、この知らせを受けて待機していた攻撃隊九三機にミッドウェイ攻撃を命令しました。ところがこの飛行機は陸上を攻撃するための爆弾を用意せず、敵の空母、戦艦を攻撃するための航空魚雷を積んでいたので爆弾のとりかえ作業をしました。これはそう簡単にはいきません。

その時、ミッドウェイから飛んできた急降下爆撃機におそわれたのです。幸いこの爆弾は一発もあたりませんでした。ついで空母から発進した雷撃機四一機が攻撃しました。雷撃機というのは低空を飛んで魚雷を飛行機から打ち込むのです。これも対空砲火と「零戦」の活躍によって三五機を撃ち落とし、日本軍の被害はありませんでした。

その時、敵艦隊の動静を探っていた偵察機から「敵らしきもの一〇隻見ゆ」との報告があったのです。

ここでまた陸地攻撃用の爆弾を敵艦隊を攻撃する魚雷に変えることになりました。大急ぎでこの作業が行われました。ところがその最中に、空母「加賀」の上空に急降下爆撃機がやってきました。そして魚雷を抱えたままの「加賀」甲板上に爆弾を命中させたからたまりません。大爆発を起こして沈没しました。同じく「赤城」、「蒼龍」も沈没しました。残る「飛龍」がかろうじて艦載機を発進させ、戦果をあげたのですが、遂に「飛龍」も急降下爆撃機によって全艦炎に包まれ沈んでしまいました。

このミッドウェイ海戦で日本は多くの優秀なパイロットを失い、貴重な空母四隻を失い、すぐれた武将を失ったのです。山口多聞少将は「飛龍」と共に運命を共にされ、艦橋で炎に包まれながら日本刀で自刃されました。この人は二つの道につきあたった時、かならず困難な道を選ぶことを人生観として生きてこられた人でした。また、「蒼龍」の艦長柳本大佐は炎に包まれた艦橋でどんな人の勧めも聞かず、助け出そうとすると、おこりとばして艦と運命を共にされました。

## 転進という名の退却

ミッドウェイで圧倒的勝利を得たアメリカ軍は南太平洋上の小さな島ガダルカナルに攻めよせてきました。この島は、東西一二八キロ南北四〇キロ殆んど密林におおわれていましたが、島の北岸に飛行場をつくるのに適した平野があったので、先に日本軍が航空基地を作っていたのです。日本軍はアメリカがオーストラリアを足場にして攻撃することを恐れ、ここからオーストラリアの基地やアメリカ艦隊を攻撃しようとしたのです。

ところが飛行場設営の途中、アメリカ軍が攻めてきました。一万九〇〇〇人の上陸部隊は一九隻の輸送船と四隻の駆逐艦に乗って三隻の空母を中心とした艦隊に守られていました。それに対して日本軍は二四〇名、それに飛行場設営に従事する人達一六〇〇名がいるだけでした。日本軍は全滅し、苦心して作りあげた飛行場はアメリカにとられてしまいました。

昭和十七年八月七日のことです。

この日から昭和十八年二月七日、日本軍が転進という美名のもとに退却するまで、それこそ血みどろの戦いが続けられたのです。

南太平洋上の名も知られないこの小島で太平洋戦争中最大の激戦が行われたのです。ここで日本陸軍はアメリカ軍のために徹底的にやっつけられました。日本陸軍がこれほどみじめな負け方をしたことはいまだなかったことです。ある軍事評論家は

「ガダルカナルとはたんなる島の名ではない。それは帝国陸軍の墓地の名である」

と言っています。ほとんど無傷で上陸したアメリカ軍に対して日本軍は三〇〇〇名の一木支隊を送ったが、一昼

夜のうちに全滅、隊長の一木大佐は無数に横たわる日本軍の死体の中で自決しました。日米両軍の装備はけた違いで、てんで歯が立たない状態でした。

作戦本部はびっくりしました。そこで第二陣として川口少将の率いる川口支隊三〇〇〇名を送りました。壮烈な戦いが続けられましたが、この攻撃も失敗に終わりました。作戦本部はますます驚きました。もともとアメリカの陸軍など大したことはないと思っていたからです。こんどこそはと陸・海軍協力のもとに大兵力を送ることにしました。

あらかじめ海軍は飛行場を爆撃しました。大兵力を無事輸送するためです。これは成功でした。アメリカの飛行機が三〇数機やられガソリンタンクも吹きとんでしまいました。

この間に主力部隊をのせた輸送船が六隻上陸します。そうはさせじと敵の空母からの爆撃機が追いかけます。最初の二隻が岸につき兵士と積荷をおろしている時、上空から自由自在に襲いかかって来ました。地上ではてんてこまい、右往左往するだけです。対空砲火がないとわかるとますます大胆に爆撃をくりかえします。積荷は、武器・弾薬・食糧・医療品どれもこれも大切なものばかりです。命がけでここまで運んできたものです。それらがほとんど全部焼き払われてしまいました。

この時からガダルカナル島は餓島といわれるようになるのです。

それは、この島の近くの制海権、制空権がアメリカ軍の手にあったからです。日本軍は潜水艦や駆逐艦で送るのですが、それくらいでは一万をこえる兵士の食糧、医薬品には不十分です。ガダルカナルにいる兵士は時にはとかげを食べ水ごけをかみ、びんろうじゅを食べて生命をつなぎました。それに南方特有のマラリヤ熱の脅威もありますが、医薬品はありません。空からはアメリカの飛行機が爆弾を落とします。

そういう中で最後の総攻撃が行なわれました。日本軍は更に一万近い兵力を注いでこれに当り、アメリカ軍は七万の大軍でこれを迎えうちました。

結果は日本軍の戦死、戦病死、行方不明約二万一〇〇〇名でした。これに反し、アメリカ軍は約二〇〇〇の戦死者を出したにとどまったのです。このガダルカナルの戦いがいかに壮絶をきわめた戦いであったかを物語る陣中日記があるのでその一部を引用します。

## ガダルカナルの敗戦

これは川口支隊の連隊旗手小尾中尉が書き記されたものです。小尾中尉はガタルカナルのアウステン山にたてこもって飢えや病いと戦い、たった一人生きのびて帰ってきた人です。この人は連隊旗を腹にまいて、連隊旗のために生きのびようとしました。そしていよいよとなったら軍旗と共に自爆する覚悟でした。だからいつもピストルと手榴弾を持っていました。

小尾中尉の陣中日記にはこう書いてあります。

十二月二十七日

「今朝もまた数名が昇天する。ゴロゴロ転がつている屍体に、はえがぶんぶんたかつている。どうやら俺たちは人間の肉体の限界にまできたらしい。生き残つたものは全員顔が土色で、頭の毛は赤子の産毛のように薄くぼやぼやになってきた。黒髪が産毛にいつ変わつたのだろう。……やせる型の人間は骨までやせ、肥える型の人間はブヨブヨにふくらむだけ。……

この頃アウステン山に不思議な生命判断がはやり出した。限界に近づいた肉体の生命の日数を統計の結果から次のようにわけたのである。この非科学的であり、非人道的である生命判断は決して外れなかつた。

立つことのできる人間は……………寿命三十日間
身体を起して坐れる人間は…………三週間
寝たきり起きられない人間は………一週間
寝たまゝ小便をするものは…………三日間
ものを言わなくなつたものは………二日間
またたきしなくなつたものは………明　日
ああ……人生わずか五十年ということばがあるのに俺は齢わずかに二十二才で終わるのであろうか……」

昭和十八年一月一日
「昭和も十八年になつた。だが俺には昭和十八年は何日ある生命であろう。生き残りの将兵全員に最後の食糧が分配された。乾パン二粒とコンペイ糖一つぶだけ、
全員北方を望んで祖国の空を仰ぎながら拝んでたべた。

ああ……今頃は故郷ではささやかながらもお雑煮があるだろうに……」

## 山本長官戦死

ガタルカナル島での戦いに敗れてからの日本は常に守勢一方に回りました。その上アメリカの兵器生産は着々軌道にのり、何年も戦い続けている日本の生産をはるかに上回っていました。

手広く攻め込んだ日本軍は補給路が断たれているので、いたるところで敗退しました。しかも日本人は捕虜になることを死ぬより嫌い、この上ない恥と思っていたからどの島でも全滅です。全滅ということばが悪いので当時は玉砕ということばが使われました。まず、連合艦隊司令長官山本大将の戦死に始まって、アッツ島守備隊、マキン、タラワ両島守備隊、サイパン島守備隊、テニアン島、硫黄島、沖縄島の日本軍がそれぞれ玉砕しました。アメリカ軍が余裕をもって攻め、一人一人の人命を尊重しながら攻めたのに対し、日本軍は負け戦になればなるほど悲愴な決意で国のためつぎつぎ死んでいったのです。

二十歳前後の若者は特攻隊として自の生命をなげ捨てて敵の艦にぶつかっていきました。飛行機もろともぶつかっていく神風特攻隊。爆薬をつめた小型潜水艦と共にぶつかっていく人間魚雷「回天」がそれです。

日本国内では東条内閣が総辞職し、中学生は学業なかばで工場に勤労動員され、小磯内閣も総辞職して鈴木内閣となりました。

東京を始め、日本全土はアメリカの誇る超重爆撃機Ｂ29の思いのままの攻撃を受けました。この空襲で被害を受けた人は死者約二〇万、負傷者二七万、行方不明八〇〇〇人でした。

　太平洋戦争は主として飛行機を中心にした戦いでした。そしてその作戦計画の中心になった人は連合艦隊司令長官の山本五十六大将です。真珠湾攻撃もミッドウェイ海戦もこの人の考えによるものでした。それほどこの人は海軍内において大きな力を持った人でした。そこでできるだけ最前線で戦っている部下に親しく会って激励もし、作戦の指導もしておられたのです。しかし、昭和十八年四月十八日ラバウル飛行場からとび立ってブイン上空にさしかかった時、あらかじめ暗号を解読していたアメリカ機の襲撃にあって、山本大将は機上で直撃機銃弾によって戦死されたのでした。飛行機は片方が燃えながら密林に突っ込みました。ちょうど日本陸軍が駐屯しているところだったので遺体を収容しました。ほとんど焼けて壊れている機体からほうり出された山本長官は、軍刀を左手に握り、右手をそれにそえ、機体とほぼ平行に頭部を北に向け、左側を下にした姿勢で死んでおられました。上衣の左前胸部からズボンの左上部にかけ、また背中一面と左脇の下一面にべっとり血がにじんでいました。その上、口と鼻付近に蛆が多少わいていました。

　山本長官は、新潟県の貧しい家に生まれ、小さい時からがんばり屋で通っていました。小学校、中学校、海軍兵学校（三二期）と常に優秀な成績でした。日露戦争では日本海海戦に参加し、右半身に大やけどをおい、右のももの肉がけずりとられ、左手の指は二本なくなりました。

　この時の連合艦隊司令長官が東郷元帥でした。

　山本長官はミッドウェイの戦で失敗した時大決心をされたにちがいありません。その頃の手紙にこんなのがあります。

「あと百日の間に小生の余命は全部すりへらす覚悟に御座候

敬具

昭和十七年九月　椰子の葉かげより　山本　五十六」

山本長官の死後、私室の整理をしていると、机のひき出しの中から一通の書が発見されました。

「聖戦以来、幾萬の忠勇無雙の将兵は命をまとに奮戦し、護国の神となりましぬ。ああ我何の面目かありて見えむ。

大君に将又逝きし戦友の父兄に告げむ言葉なし。身は鉄石に非ずとも堅き心の一徹に敵陣深く切りこみて日本男児の血を見せむ。

いざまてしばし若人ら、死出の名残の一戦を　華々しくも戦いて、やがてあと追うわれなるぞ

昭和十七年九月末述懐　　山本　五十六誌」

山本長官は、もともと日米戦争には反対でした。アメリカの恐るべき国力を知っていたからです。だから戦前、近衛首相に対してこのように述べています。

「それは、ぜひやれといわれればはじめ半年や一年の間はずいぶん暴れてごらんにいれる。しかしながら二年、三年となればまったく確信は持てぬ。三国条約（日・独・伊）ができたのはいたしかたないが、かくなりましては、日米戦争を回避するよう極力御努力願いたい。」

しかし、戦争は個人の意思とは無関係に怒濤のごとく襲いかかってくるのです。そして大将であろうと一兵卒であろうと死の淵に追いやってしまうのです。

山本長官戦死の後は古賀峯一大将が連合艦隊司令長官になりましたが、この人も翌年三月三十一日に飛行機事

故で殉職されました。
いまや日本軍は重大な危機に立たされました。

## 玉砕に向けて

ミッドウェイ開戦と同時に行われたアッツ島攻略はさしたる困難もなく成功しましたが、米国領土とあって、アメリカ軍の反撃も早く、昭和十八年にはくりかえし攻撃を受けました。そして、五月十二日アメリカ軍二万の兵士が日本守備隊二五七六名の猛烈果敢な抵抗を排除しながら上陸しました。

二週間血みどろの戦いが続けられました。日本軍は南方の戦いに手一杯で増援部隊を送ることはできませんでした。敵は兵力、装備にすぐれ、二週間後には山崎大佐以下一五〇名の日本軍が生き残っただけでした。

ここで山崎大佐は生き残りの一五〇名を率いて敵の本部へ夜襲をかけ、北海守備隊の最後を飾り部下と共に死ぬ覚悟を決めました。そして北方軍司令部あて次の電報を送りました。

—野戦病院収容中の傷病者はそれぞれ最後の覚悟を決め処置するところあり、非戦闘員たる軍属は各自兵器をとり陸海員とも一隊を編成、攻撃隊後方を前進せしむ、共に生きて捕虜の辱めを受けざるよう覚悟せしめたり、

—機密書類全部焼却、これにて無線機破壊処分す。

こうして一人残らず突撃し、大半が戦死しました。戦死しなかった兵士は積雪の地上に坐りそれぞれ手榴弾で自決しました。

アッツ島の守備隊が玉砕して半年後、マキン島、タラワ島の守備隊が玉砕しました。マキン島には約七三四名

の日本軍守備隊がいました。うち海軍陸戦隊二八四名、航空隊基地員一一〇名、設営隊三四〇名でした。これに対して六〇〇〇名のアメリカ軍が襲い三日間の戦闘が行なわれました。

タラワ島には約五〇〇〇の守備隊がいました。そして日本軍は強固なトーチカと地下壕を作っていました。アメリカ軍は最初、空と海から爆弾を打ち込みました。一平方マイルの小島に対して三〇〇〇トンの爆弾が投下されました。ついで水陸両用車に分乗して上陸。日本軍は機関銃、迫撃砲で迎え撃ち、お互い勇敢に戦いました。アメリカ軍はいつでも艦砲射撃と航空爆撃の援助を受け、それに火焔放射器でトーチカ内の日本軍を苦しめました。

戦闘は七六時間続けられました。戦闘の終りにはアメリカ軍の戦死一〇〇九名、戦傷者二二九六名で、日本軍は設営隊の非戦闘員の一部をのぞいて全員戦死しました。昭和十八年十一月二十五日のことです。

どの戦いにも降伏しない日本兵を見て、アメリカ兵は不思議でならなかったようです。

それから又半年してサイパン守備隊が玉砕。これに先立つ六月十五日、日本海軍はあ号作戦決戦を発動し、全力をあげてアメリカ機動部隊を襲撃しました。マリアナ沖で行われたこの海戦も十九、二十日と続けられたが日本軍の惨敗で終わりました。日本軍はマリアナ海域の制海権、制空権を完全に失なってしまったのでした。これからのアメリカ軍は攻略しようとする島の近くに戦艦をよせつけては四〇センチの砲弾など島の形が変わるほど打ち込みました。

最初に見舞われたのがサイパン島です。サイパン島は面積一八〇平方キロ、在留邦人約二万三〇〇〇人、飛行場もあって日本軍としては重要な基地でした。ここを占領されるとアメリカの大型爆撃機が直接日本本土を空襲するからです。

このサイパン島の守備隊は斎藤中将の率いる陸軍部隊二万二八〇二名、辻村少将の率いる海軍部隊六六九〇名でした。攻撃するアメリカ軍は四万、それに戦艦四、空母二、巡洋艦八、駆逐艦一三、多数の飛行機が加わりました。

しかし、日本軍はよく戦いアメリカ軍の戦死傷者は一万七〇〇〇にも達しました。斎藤中将が洞窟内で自決したことを聞いた総司令官の南雲中将は「……いまやた丶かうに武器なく、せむるに砲類ことごとく破壊し、戦友またあいついでたおる。いまやとどまるも死、進むも死、死生はすべからくその時を得て日本男児の真骨頂あり、われらはいま大敵に最後の一撃を加え、太平洋の防波堤としてサイパン島に骨をうずめんとす」と書き残し、切腹しました。

サイパン島の在留邦人の大半は抑留所に収容され、アメリカ軍の保護をうけましたが、一〇〇〇名以上の人は山の樹の枝にぶらさがってくびをくったり、手榴弾で自決したり、高いがけの上から海中めがけて投身自殺をしました。

同じマリアナ諸島のグアム、テニアン両島もたび重なる艦砲射撃の後に上陸し、累々たる死体を残してアメリカ軍の手にわたりました。いまや日本軍は手のほどこしようもなくなったのです。日本全土は大型爆撃機B29によって連日連夜襲撃され、輸送船は沈められ、硫黄島、沖縄島の守備隊は玉砕の日を待つばかりになりました。

そのころ捷一号作戦が発動されたのです。

昭和十九年十月十八日のことです。

この作戦は日本海軍の総力をあげて敵艦隊を撃滅しようとするものでした。日本海軍は戦艦「大和」、「武蔵」、空母「瑞鶴」、「瑞鳳」などをまだ持っていました。将兵の意気も盛んでした。アメリカ軍が比島上陸を企てた直後、この作戦が発動されたのです。いうならば、日本連合艦隊が戦った最後の戦いでした。

この作戦にはまず陸上基地の飛行機による爆撃が計画されていましたが、今や日本の航空兵力は貧弱なものでした。しかし、この作戦を成功させるためには是非とも飛行機が必要でした。ここにやむにやまれず特攻隊が編成されたのです。

この特攻隊を考え出したのは海軍の航空作戦の名人といわれ、山本長官の最も信頼を受けていた大西中将でした。大西中将は兵学校出身の関行雄大尉を選びました。そして神風隊と名付けられ、第一次攻撃隊は敷島隊と名付けられました。

「敷島の大和ごころを人とわば　朝日ににおう山桜花」

という本居宣長の歌からとられた名前です。そして第二次、第三次、第四次と特別攻撃隊が編成され、大和隊、朝日隊、山桜隊と名付けられました。

特攻隊というのは飛行機に爆弾をつんでそのまま敵艦にぶつかっていくもので、二十歳前後の若いパイロットが選ばれました。

十月二十日朝第一次攻撃隊が出発。

大西中将は、「国難を救うことのできるのはわかい諸君だけである。自分は一億の国民にかわっておねがいする。」

「きみたちだけを殺しはしない」と涙を流し、ひとりひとり握手して送り出しました。そして関大尉を初め、それぞれ敵艦にぶつかって行きました。飛行機のある限り終戦まで特攻隊の攻撃が続けられたのでした。

この特攻隊の攻撃も空しく捷一号作戦は失敗に終わり、アメリカ軍はマッカーサーの指揮する一〇万余の比島攻略部隊によって比島に上陸。そして、ここにマッカーサーの「アイ　シャル　リターン」の約束通りフィリピンはアメリカの手に帰したのでした。

捷一号作戦で日本軍は航空母艦四隻、戦艦三隻、巡洋艦六隻、駆逐艦九隻を失いました。その中には不沈戦艦「武蔵」もありました。六万三七〇〇トンの「武蔵」は二六本の魚雷と二五発以上の直撃弾によって沈められたのです。

フィリピンがアメリカの手にわたると、日本は南方との連絡を完全に断ち切られ、日本全土は勿論、沖縄も硫黄島も孤立状態に陥りました。こうなってはとても勝てる見込みはありませんでしたが、国内では一億玉砕が叫ばれ、竹槍で突撃の練習をする女の人があちこちで見られるようになりました。今や日本軍は陸海とも特攻隊による攻撃しかありませんでした。

一方、アメリカ軍はますます大兵力をもってできるだけ犠牲を少なく攻撃してきました。

フィリピンの次は硫黄島でした。硫黄島はその名の如く硫黄ガスが至るところでふき出ている東西八キロ南北四キロの小さな孤島です。ここには日本軍のレーダー基地があり、日本本土に対するB29襲撃の警報をしていました。

アメリカ軍は、B29が日本を襲撃して帰着する飛行場が必要でした。それにはこの硫黄島がもってこいの島だったのです。そこでアメリカ軍は約七万の精鋭部隊を送りました。迎え撃つ日本軍は栗林中将の率いる陸軍一万三〇〇〇、海軍五五〇〇でした。日本軍はどんな砲爆撃にも耐える洞窟陣地を作っていました。（アメリカ軍の攻撃はよくわかっているので栗林中将は地下陣地を作ったのです。）アメリカ軍は例のごとく三日間にわたって艦隊の艦砲射撃を行った後、二月十九日午前九時上陸しました。

日本軍は、アメリカ軍がかなり上陸したところで迎え撃ちました。この戦いは壮烈を極めるものでした。特に日本はこの戦いでロケット砲を使い、敵を苦しめました。そしてさらに捨て身で敵にぶつかっていったのです。この戦いで使われたM４戦車に対しては肉薄攻撃隊員が編成されました。

この隊員は夜のうちに戦死した日本兵の死体を集めてきて自分の腹や足の上にのせ、自分も血まみれになって死んだようなふりをして横たわって待つのです。やがて夜があけてM４戦車がそばを通るととびおきて爆薬をだいたまま戦車の下へ飛び込んで行くのでした。M４が動かなくなると、周囲に隠れている歩兵が飛びかかっていき、アメリカ兵が驚いて逃げ出します。そのすきに戦車の中に入り込んで砲をぐるりと後に向け、進んでくるM４を撃ちまくったのです。このような決死的戦いでしたが、遂に最後の時がきました。

栗林中将は大本営に向けて無線を打ちました。

「戦局遂に最後の巌頭に直面せり、十七日夜半を期し小官みずから陣頭に立ち、皇国の必勝と安泰とを祈念しつゝ、全員壮烈なる総攻撃を敢行す……

……然れども執拗なる敵の猛攻に将兵相ついでたおれ、ために御期待に反し、この要地を敵手にゆだねるのやむなきに至れるはまことに恐懼に耐えず、幾重にもおわび申し上ぐ……

いまや弾丸つき、水かれ、戦い残れるもの全員いよいよ最後の敢闘を行わんとするにあたり、つらつら皇恩のかたじけなさを思い粉骨砕身また悔ゆるところにあらず、ここにとこしえにお別れ申し上ぐ。」

こうして上陸後二六日目、三月十七日硫黄島守備隊は玉砕しました。

アメリカ軍の死傷者は戦死五五六三名、戦傷一万七三四三名でした。

硫黄島がアメリカの手にわたると本土への空襲はますますはげしくなりました。サイパンを飛び立ったB29が日本本土を空襲してここに帰りつき、又ここから長距離戦闘機P51が東京まで往復できるようになったからです。

## 沖縄攻撃

こうして島伝いに攻め上げてきたアメリカ軍は最後の拠点、沖縄島を攻撃することになりました。アメリカ艦隊は、九州南方から沖縄本島に至る海域に続々集結し、沖縄上陸の態勢を着々準備し始めました。これに対して日本軍はただ特攻隊による方法しか持ちませんでした。飛行機による神風特攻、小型潜水艦による人間魚雷、しまいには戦艦「大和」まで水上特攻として攻撃に加わったのです。

アメリカ軍はイギリス軍と共同して艦船一三一七隻、艦載機一七二七機、陸上兵力四五万一八六六名でもって攻撃しました。対する日本軍は陸軍約五万、海軍約一万、現地部隊約四万、計一〇万程度でした。初めから日本軍はこの戦いで勝とうとは思っていませんでした。できるだけアメリカ軍の損害を多くして本土決戦に備えようと思っていたのです。

昭和二十年四月一日、アメリカ軍は沖縄本島に上陸。そして六月二一三日沖縄守備隊が玉砕するまで最も激烈な戦闘が行われました。

この沖縄での戦いでは、中学三年以上の生徒が鉄血勤皇隊という一隊を作って戦闘に加わりました。また、女学校の生徒はひめゆり部隊を作って傷病兵などの世話をしましたが、二五〇名ばかりの生徒は戦死しました。このほか非戦闘員の犠牲者が一五万人もありました。この一〇〇日足らずの戦闘によって、アメリカ軍は陸上の戦死者七二一三名、負傷者三万一〇八一名、海上の戦死者四九〇七名、負傷者四八二八名、艦船沈没三六隻、大中破三六八隻、飛行機七六三の被害を受けました。対する日本軍の被害は、戦死一三万一〇〇〇名、捕虜七四〇〇名、艦船沈没一六隻、大中破四隻、飛行機七八〇〇機でした。艦船の中には「大和」もふくまれ、ここに日本海軍はアメリカ海軍の前に滅び去ってしまったのです。

## 特攻隊

しかし終戦までアメリカ兵の心胆を寒からしめたものがありました。神風特攻隊と人間魚雷「回天」です。アメリカ兵にとっては玉砕するまで戦う日本兵より、もっともっと爆弾をかかえてとびこんでくるこれら日本兵の行為が不思議でした。人間魚雷は海軍兵学校出身の仁科少佐と海軍機関学校出身の黒木少佐によって考案されたものです。後部に九三式酸素魚雷をつけ、前部に爆薬をつめ、その間に一人乗って敵艦にぶつかっていくものでした。この人間魚雷「回天」は神風特攻隊出撃一ヶ月後、昭和十九年十一月二十日南洋群島ウルシーに碇泊していたアメリカ艦船に体当りしたのが最初で、終戦まで九八名の者が爆薬と共に散ったのでした。また、神風特攻隊は二四六九機出撃し、敵艦にぶつかって帰ってこなかったものが一四一〇機でした。これらがアメリカ艦隊に与えた被害は、撃沈三三、損傷三〇二、計三三五隻でした。命中率一三・七％、特攻隊員一人に対し数倍の死者をアメリカ兵に与えたのです。

特攻隊員として出撃したものは一部を除いて二十歳前後の若者で、中には学業半ばで学徒動員された者もありました。若い特攻隊員に「君達だけを殺しはしない」と言って見送った大西中将は終戦の日の翌日八月十六日夜明け前、切腹して若い隊員の後を追いました。

海軍兵学校出身の久住宏少佐は、昭和二十年一月十二日、コッソル水道で人間魚雷「回天」に搭乗、敵艦に体当りしましたが、あらかじめ書き残した遺書に次のように書いています。

「遺　書

有史以来最大の危機に当り、微力ながらも皇国守護の一礎石として帰らぬ数に入る。二十余年の御高恩に報ゆるに、此一筋を以てするを人の子として深く御詫申上候

皇国の存亡を決する大決戦に当り一魂の肉弾幸に敵艦を斃すを得ば、先立つ罪は許されたく、今度の挙もとより使命の重大なる、比するに類なく、単なる一壮挙には決して無之、生死を超えて固く成功を期し居り候……

御両親様には私の早く逝きたることについては呉々も御落胆あることなく、私は無上の喜びに燃えて心中一点の雲なく征きたるなれば、何卒幸福なる子と思召され度、祖母様と共にいよいよ御健かにお暮し下さるよう祈上げ候

次に二、三御願聞き置かれ度、第一に萬が一此度の挙が公にされ、私の事が表に出る如き事あらば、努めて固

辞して決して世人の目に触れしめず、騒がるゝことなきよう、葬儀その他の行事も務めて内輪にさるるよう右固く御願申上げ候、又訪問者あるも進んで私の事に就て話さるることのなきよう、願くば君が代守る無名の防人として南溟の海深く安らかに眠り度存じ居り候

昭和十九年十二月

宏

御両親様

命よりなお断ちがたきますらおの　名をも水泡といまはすてゝゆく
君がため臣のまことを捧げんとつるぎにちかい大和いで立つ
超えゆかん濤路は如何にはるけくも　しこをもとめて殲す時まで」

日本兵が最後の最後まで戦い爆薬ごと突っ込んで来ることを知ったアメリカ軍は、来たる本土決戦には多大の犠牲者を出すであろうことを予想せずにはおれませんでした。そこで最後の切り札として史上最大の残虐兵器原爆を使用したのです。この原爆は昭和二十年七月十六日午前五時三〇分最初の原爆が、ニューメキシコ州の砂漠で炸裂した時にアメリカ軍の武器となりました。そして八月六日午前一時四五分、原爆を積んだB29エノラゲイ号がテニアン島を出発、朝八時一五分に広島市上空で投下したのでした。この一発の原爆は一瞬にして死者七万、負傷者一三万、全焼懐家屋六万二〇〇〇、半焼懐家屋一万、その他の罹災者一〇万という被害を与えました。

それまですでにアメリカ軍は武器を持った日本軍を攻撃し、何千何万の損害を与えていたのです。しかし、この原爆は老人、女、子供をふくむ非戦闘員を一瞬にして何万も殺したのです。しかも、それに追い撃ちをかけるように八月八日、ソ連が日本に対して宣戦布告し、続いて八月九日には長崎に原爆が落とされました。

もはや日本はどうすることもできなくなりました。

そこで、御前会議を開いて協議し、ポツダム宣言を受諾して無条件降伏することになったのです。

しかし、これほど傷つけられても最後の一兵まで戦うという軍人がいました。それは特に陸軍の少壮軍人に多かったのですが、遂に八月十五日、天皇陛下の終戦勅書の放送によって本土決戦が避けられました。しかし、終戦と同時にこれら若い将校は自決し、陸軍大臣阿南大将も

「一死を以て大罪を謝し奉る」

「神州不滅を確信しつつ」

「大君の深き恵みにあみし身は言い残すべき片言もなし」

と書き残して割腹自殺しました。

ここに、北はアッツ、南はガダルカナル、東は真珠湾、西はスマトラと、広大なる地域に世界的強敵を相手にして戦い、陸軍一四三万九〇〇〇人、海軍四一万九七〇〇人、官民六五万八五〇〇人、計二五一万七二〇〇人の死者を出した太平洋戦争が終わったのです。

## 極東国際軍事裁判

しかし、終戦後にも戦争のほとぼりはさめませんでした。多くの軍人、軍属、一般人が自決しました。戦争中はまだしも終戦後に敗戦の責任を感じて自決した人は陸軍三九四名、海軍一二六名、計五二七名もあったのです。

その中には将官三四名、佐官七四名、尉官一四二名、下士官、兵二三九名、軍属、看護婦など三八名がいました。一般人の中にも愛宕山に立てこもって手榴弾で集団爆死した尊攘義軍の一二名、代々木練兵場で腹を切って死んだ大東熱の一四名の人達がいました。

生き残った人達の中には戦争犯罪人として処罰の対象となる人もありました。その中には直接戦争の指導をした人もあり、上官の命令によって任務を忠実に守った人もありました。

そして連合軍側の一方的裁判によって一〇六八人の人が死刑にされたのです。

東条首相は戦争犯罪人容疑者として出頭を命ぜられた時、ピストル自殺をはかりましたが失敗、厚生大臣小泉親彦、文部大臣橋田邦彦、近衛文麿元首相はそれぞれ服毒自殺しました。

極東国際軍事裁判は東京の市ヶ谷において、昭和二十一年五月三日（金）午前一一時二〇分に開始されました。

二八名の、かって日本を動かした政界、財界、陸海軍の指導者が裁かれるのです。裁判長ウエップ、検事キーナン、弁護人清瀬一郎によって二年半も続けられました。

その結果次の判決が下されました。

絞首刑

東条英機（陸軍大将　元首相　六十三歳）
広田弘毅（元首相　外相　六十九歳）
松井石根（陸軍大将　六十九歳）
土肥原賢二（〃　六十四歳）
板垣征四郎（〃　元陸相　六十二歳）
木村兵太郎（〃　五十八歳）
武藤章（陸軍中将　五十五歳）

終身禁固

木戸幸一（元文相　厚相　内相　五十八歳）
平沼麒一郎（元首相　八十歳）
賀屋興宣（元蔵相　五十八歳）
嶋田繁太郎（海軍大将　元海相　六十四歳）
白鳥敏夫（イタリア大使　六十歳）
大島浩（陸軍中将　ドイツ大使　六十一歳）
星野直樹（書記官長　五十五歳）
荒木貞夫（陸軍大将　元陸相　文相　七十歳）
小磯国昭（陸軍大将　元首相　六十七歳）
畑俊六（陸軍元帥　元陸相　六十八歳）

梅　津　美治郎（陸軍大将　参謀総長　六十五歳）
南　　　次　郎（〃　　　元陸相　七十三歳）
鈴　木　貞　一（陸軍中将　無任所相　五十九歳）
佐　藤　賢　了（〃　　　五十二歳）
橋　本　欣四郎（陸軍大佐　五十七歳）
岡　　　敬　純（海軍中将　五十七歳）
禁固二十年　東　郷　茂　徳（元外相　六十五歳）
禁固七年　重　光　　　葵（元外相　六十歳）

そして昭和二十三年十二月二十三日、午前零時一分東条元首相ら七人の絞首刑が執行されました。

東条さんの死刑前後の様子について、巣鴨刑務所の教誨師 花山信勝氏は次のように述べています。〔以下、花山信勝氏の著書「巣鴨の生と死」（中公文庫、一九九五年発行）より、一部引用。〕

「第一回面会十一月十八日（木）午後二時三〇分から三時三〇分まで。……（中略）……

「東条さんは手に持ったメモを読みつつ私に言伝てされた。……（中略）……

一、裁判も終わりほっとした気持ちである。刑罰は私に関する限りは当然である。

ただ、責任を一人で背負われないで同僚諸君に迷惑をかけたことは相済まない。誠に残念である。……（中略）……

二、裁判の判決については、この際いうことを避けたい。残念なことは、捕虜虐待等の人道問題は、何とも遺憾至極である。……（中略）……

三、第二次世界大戦が終わってわずか三年であるが、依然として全世界は波瀾に包まれておる。ことに極東の波瀾を思い、わが日本の将来について懸念なきを得ず。……（中略）……

四、餓死、戦病死者、戦災者及びそれらの遺家族については、政府はもちろん、連合国側においても、更に同情を願う。これらの人々は赤誠国に殉じ、国に尽くしたものであって、戦争に対して罪ありというならば、われら指導者の罪である。……（中略）……戦犯者の遺家族に対しては、同情ある配慮を願いたい。ソ連に抑留されておる人々の、一日も速やかに内地に送還されんことを願う。

以上、私は間もなく刑に処せらるるも、心に残りおる点である。……（中略）……

〔著者：花山 信勝氏、書籍：「巣鴨の生と死」中公文庫（一九九五年 発行）三〇一頁最終行～三〇四頁最終行より引用。〕

「第二回は面会十一月二十六日（金）午後二時から二時五十五分まで。……（中略）……

ことに、満喜枝（東条さんの次女、主人は軍用銃で自殺）さんの（手紙）を読んだ時は、涙を流し、ハンケチでぬぐいつつ念珠をかけた手をあげ、頭を下げられた。……（中略）……よみ終ったあと、東条さんは、しみじみと述懐された。

「満喜枝は、一番不幸な子です。孫子とともに、一日も早く、宗教に入るように、いってやって下さい。人間は宗教に入らなければ、人生は歩めない。上っ面ばかりの生活では、とてもだめだ。黒潮の流れの上だけを見ているような生活では、真実の人生は味わえない。しかし、なかなか若い者は宗教には入らないですね。」……（中略）……

それから、一つお尋ねしておきたいと思いますのは、東条さんが自決されようとされました時のお気持ちを、一つはっきりと伺っておかないと、色々間違ったデマが、そのままになってしまう事を恐れますので……」（と花山氏が聞いたのに対して、）

「それは結局のところですな部下達に捕虜となるな。

そういうような時があれば、死を選べと戦陣訓に教えておいたので、自らそれを実行したまでなのです。……（中略）……

「しかし、あの時死んでおられたら、今のような宗教の悦びには入られなかったと思うのですが」

「そうです。個人からいえば、一つには宗教に入り得たということ、二つには人生を深く味わったということ、三つには、裁判においてある点を言いえたということ、は感謝しています。……（中略）……

〔前掲書籍、三〇六頁一四行～三一五頁五行目より、引用。〕

「第三回、十一月二十九日（月）午後二時から二時四十分まで。……（中略）……

「いずれ、前例によれば、二十四時間前に処刑の言い渡しがあるはずだと思います。それまで時間がありますから、最後のお言葉をと思っています。それでは、どうぞ御機嫌よろしゅう」

東条さんは仏前にていねいに最後の礼拝をして出て行かれた。ドアを出られる際、「どうぞ御機嫌よろしく」「ありがとう」更にふり向いて、あいさつをして行かれた。」……（中略）……

〔前掲書籍、三一六頁四行～三一九頁九行目より、引用。〕

「第四回、十二月二日（木）一時三十分～二時四十分まで。

この日はいっそう深まった信仰体験を語られた。……（中略）……

「……ことに、大無量寿経は偉いことですね。その中でも殊更に、四十八願を読むと一々誠に有難い。今の政治家の如きはこれを読んで、政治の更生を計らねばならぬ。人生の根本問題が説いてあるのですからね。国連とかその他の世界平和とかは、人間の欲望をなくした時に初めて達成できることで、そこに社会の平和が成るのだ。人間の欲望というものは本姓であって、国家の成立ということも欲から成るし、自国の存在とか、自衛とかいうようなきれいな言葉でいうこともみな国の欲である。それが結局、戦争になるのだ。これを取り去るために、東洋では釈迦が、西洋ではキリストが、この二大聖人が世に出て、欲に巣食う人間を救わんとして、何千年来やって来たわけだが、それが実行されないで、時と共に末世的状態となって来たわけだから、真先に政治家がこれを読んで深く考えねばならぬ。自分も、巣鴨に入ってから、初めて発見したことで、情けないことですね。……

（中略）……

〔前掲書籍、三一九頁一〇行～三二三頁三行目より、引用。〕

「この正信偈の中には、信じるということを、何べんも繰返していわれてるですね。初めには応信如来如実言、終わりには唯可信斯高僧説、その外にも獲信見敬大慶喜、問信如来弘誓願……（中略）……

有難いですなあ、私のような人間は愚物も愚物、罪人も罪人、ひどい罪人だ。私の如きは最も極重悪人ですよ。本当の仏様の目から見れば、実に極重悪人ですよ。例えば肉を食うとか、米を食うとか、米にも生命がありますよ。そういう食事のことからだけ考えても、それらを食わねば生きていけない人間だということは、全く極重悪人です。それがよくわからないと、極重悪人がわからない。ちっぽけな智慧、それが禍いしているのですね。だから知識人は信仰に入れないのですね。……（中略）……

首切られる時は御聖教も、正信偈もいけない。ただ南無阿弥陀仏だけになってしまう。せっぱ詰まってくると、南無阿弥陀仏以外にない。人間は、生死を超えなければいかんですね。」

〔前掲書籍、三二五頁七行～三二六頁七行目より、引用。〕

「第五回、十二月十日（金）九時半～十時まで。……（中略）……

それから、私の心境を、歌に託して読んでみた。

今ははや心にかかる雲もなし心ゆたかに西へぞ急ぐ

子供への信仰については、

やよ子供みのりの船におくれまじ行きつくさきは同じうてなぞ……（中略）……

それから、墓をよく見つめろと、子供たちに申して下さい。

一つには、早晩人間は無常で死んで行くものだということを考えること。

二つには墓のうしろに法句が一つきざんである。曾祖父が作ったもので、今までは何のことなしにその法句を考えていたが、今になると非常に有難いことだと思うのです。それはですな、

われながらすごし霜夜の影ぼうし、

自分の姿をしっかり見つめよということは、極重悪人なりということを、自分のみにくい姿をしっかり見つめよということです。……（中略）……」

〔前掲書籍、三二八頁一四行～三三一頁三行目より、引用。〕

「十二月二十二日午後四時より四時五十分まで。……（中略）……

「阿弥陀さまのお召しで有難いことです。出しぬけでなく、幸いに二十四時間前に知らせてくれまして、所長さんにお礼をいうのを忘れましたが、先生からお言伝をどうか。……（中略）……

妻に歌を作りました。

さらばなり有為の奥山けふ越えて弥陀のみもとにいくぞうれしき

明日よりはたれにはばかるところなく弥陀のみもとでのびのびと寝む」

〔前掲書籍、三六四頁一行〜三三一頁一〇行目より、引用。〕

こうして、十二月二十三日午前零時一分、太平洋戦争突入の責任者、当時陸軍大将、総理大臣 東条英機はガタンという音と共に生命を絶ったのです。

ぼくはその頃からいかなる地位も名誉も空しいものだなあと思うようになりました。そしてどんなことになってもびくともしない人間になりたい。どんなことにもくずれない心を持ちたいと思うようになりました。

# 先輩の遺墨

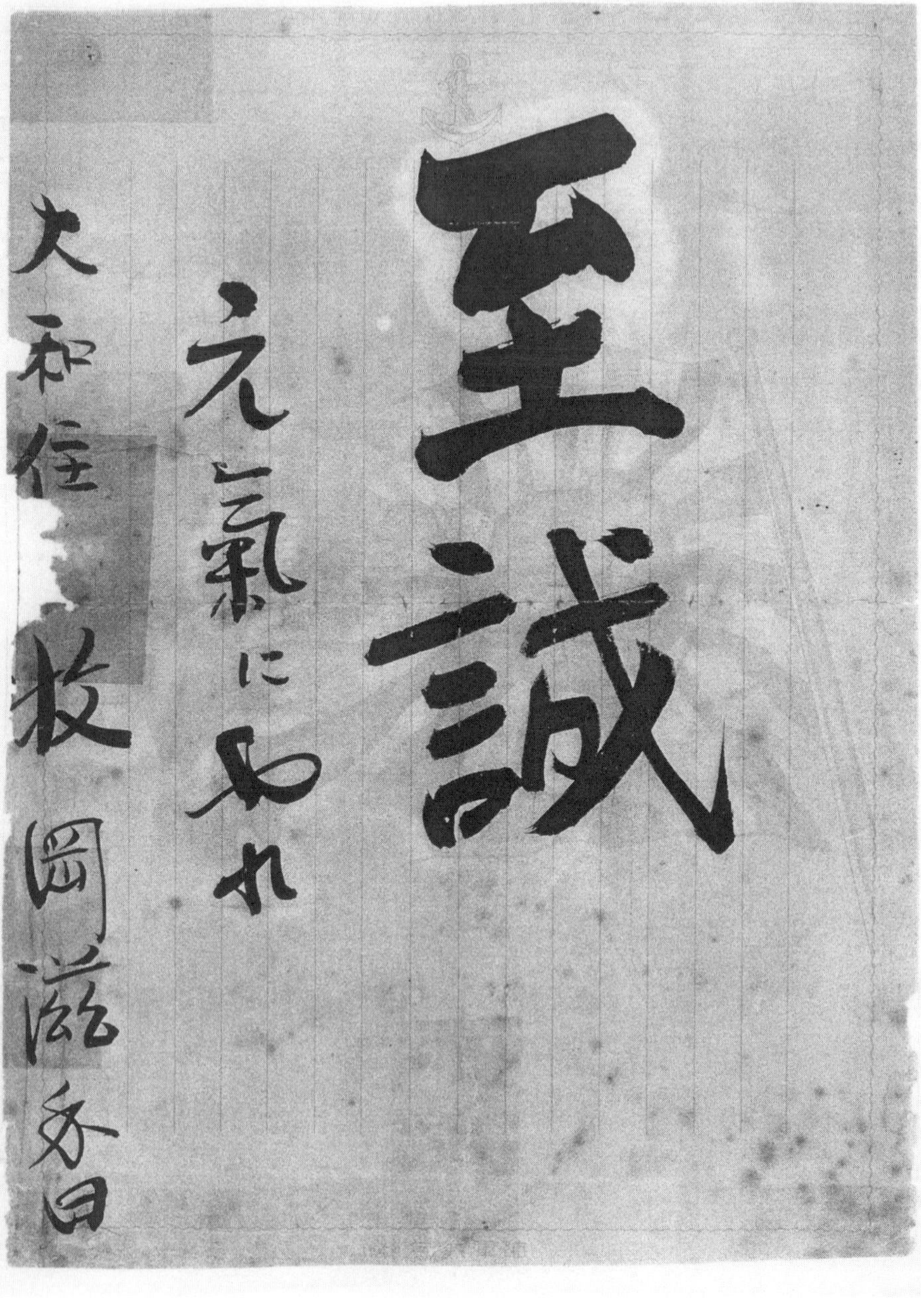

至誠

元氣にやれ

大和住 枝岡滋香

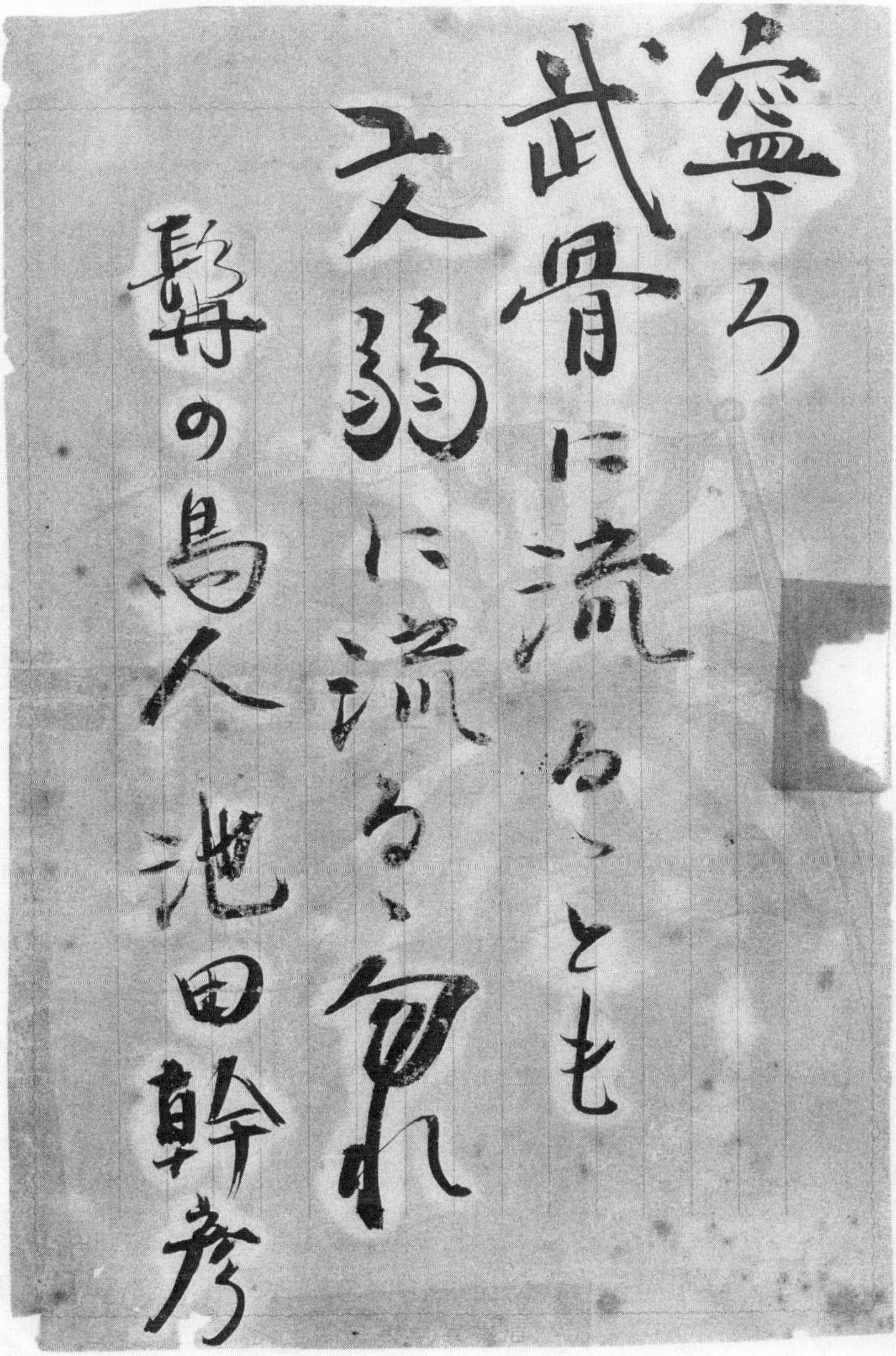
寧ろ
武骨に流るゝとも
文弱に流るゝ勿れ
髯の島人 池田幹彦

己を慰む為れ臍に力が入れば
こは、ものあらし

第七十三期　伍長

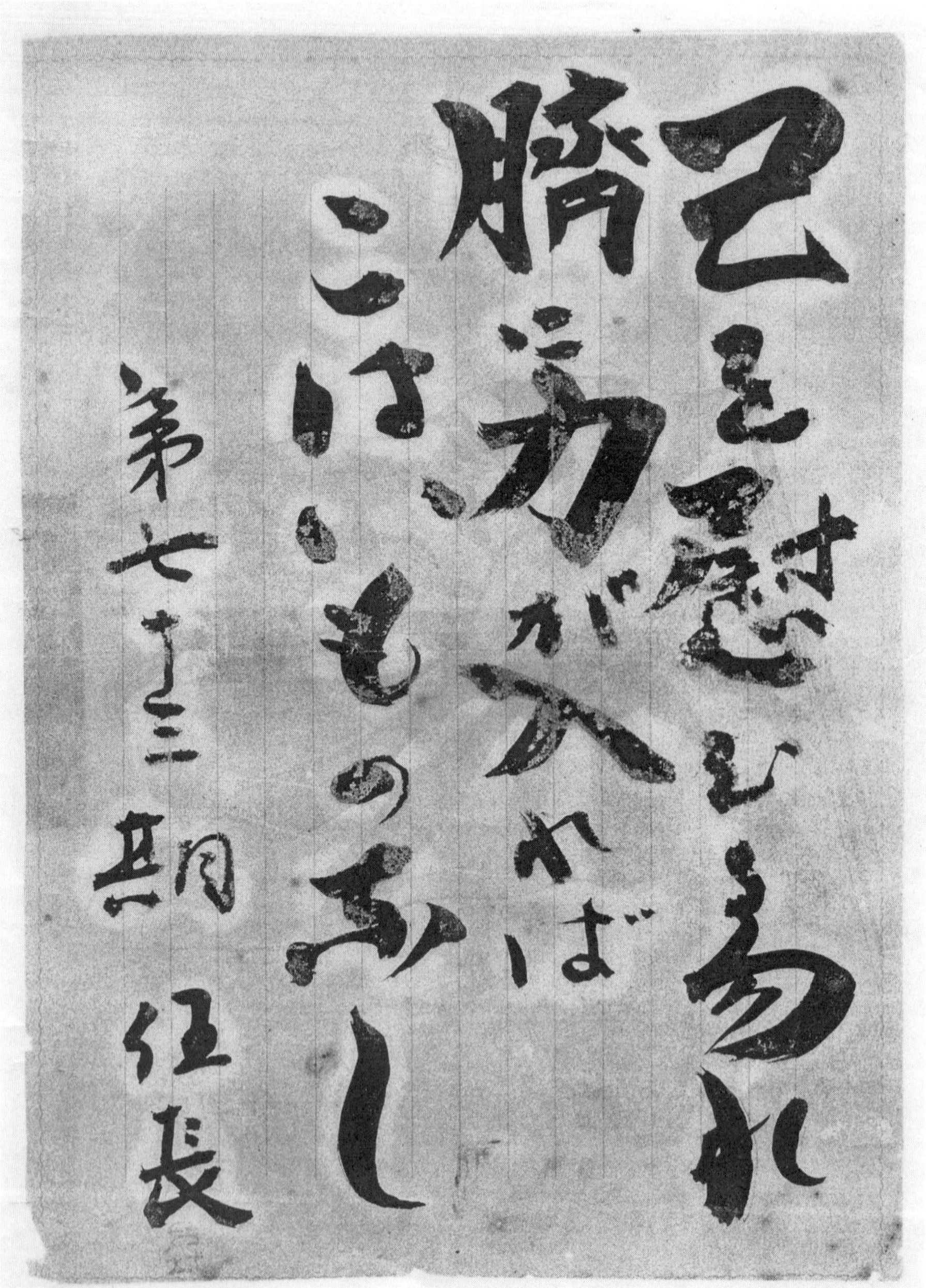

（戸村　靖）

湊　義秋 略歴

大正15年生れ、海軍兵学校（75期）卒
慶応大学文学部国文科卒
府中中学校教諭、安芸中、戸坂中校長、広島市立比治山
青空図書館長等を歴任
現在は、各地の公民館の文学講座等の講演に東奔西走
安芸郡府中町在住



江田島物語

平成二十八年八月一日　発行

著　者　湊　義秋

発行所　(株)溪水社
広島市中区小町一―四
電話（〇八二）二四六―七九〇九